महाकाल

एक अविस्मरणीय अनुभव

पिंकी राज शाह

MAHAKAL ⠶ **Ek Avismarniya Anubhav**
Pinky Raj Sah

Published in 2024

© Published by

Qurate Books Pvt. Ltd.
Goa 403523, India
www.quratebooks.com
Tel: 1800-210-6527, Email: info@quratebooks.com

ISBN: 978-93-58985-30-6

महाकाल को समर्पित

प्रस्तावना

जय श्री महाकाल.. महाकाल अनंत, महाकाल कथा अनंता

देवों के देव, त्रिलोकी नाथ, शिव शंभू, भोलेनाथ, त्रिकालदर्शी, आशुतोष, कालजयी, कालों के काल भूतभावन ज्योतिर्लिंग भगवान महाकाल की हर महिमा अपरंपार है। जिनके दर्शन मात्र से जन्मों जन्म के पुनीत पुण्य का फल प्राप्त होता है, ऐसे अंतरराष्ट्रीय धार्मिक आध्यात्मिक श्रद्धा के केंद्र भगवान महाकाल से जुड़े हर पहलू को लेखिका पिंकी राज शाह द्वारा इस पुस्तक के माध्यम से प्रकाशित करने का अनुकरणीय सार्थक प्रयास किया गया है।

बाबा महाकाल की अनन्य भक्त लेखिका ने इस पुस्तक में भगवान महाकाल के आकर्षण, इतिहास, चमत्कार, पौराणिक कथाएं, महाकाल मंदिर का वास्तु, मंदिर की पुजारी वंश परंपरा, महाकाल की पूजा पाठ, श्रृंगार, आरती, धार्मिक परंपरा, सवारी, भस्म आरती से लेकर शिव प्रतीक, बाबा महाकाल की भक्ति, भक्तों के कथन आदि को अति सुंदर रूप से समाहित किया है।

नोएडा निवासरत बाबा महाकाल में अपार श्रद्धा रखने वाली, विदुषी पिंकी राज शाह ने इस पुस्तक के माध्यम से भगवान महाकाल की भक्ति, शक्ति, पूजा पाठ, उत्सव, रीति-रिवाज, दर्शन-श्रृंगार, आदि सभी पक्षों को अपनी शुद्ध लेखनी के माध्यम से इस पुस्तक में समाहित करने का अति प्रशंसनीय एवं सार्थक प्रयास किया हैं जो कि निश्चित ही सभी पाठकों के लिए अत्यंत रुचिकर होने के साथ-साथ ज्ञानवर्धक भी सिद्ध होगा। ये सिर्फ पुस्तक नहीं हैं ये एक एहसास है। वो एहसास जो आपको महाकाल से जोड़ने का पूरा प्रयास करता है। ये एक भावना है, एक समर्पण हैं जिसको लेखिका ने बहुत ही सुंदर ढंग से प्रस्तुत किया है।

विश्व की अति प्राचीन, पौराणिक, धार्मिक, आध्यात्मिक, सांस्कृतिक सिंहस्त नगरी उज्जैन में जन्मे मुझ अकिंचन विश्वस्तरीय श्रद्धा के केंद्र भगवान महाकालेश्वर पर केंद्रित इस पुस्तक में प्रस्तावना लिखने का सौभाग्य प्राप्त हुआ।

विश्व के आराध्य सभी श्रद्धालु गण के कण-कण में समाहित ज्योतिर्लिंग भगवान महाकाल के प्रति इस पुस्तक के माध्यम से अपनी आस्था के पुष्प अर्पित करने वाली लेखिका के इस अद्भुत प्रयास के लिए मैं अपनी हृदय आत्मा से मंगल कामना प्रेषित कर श्री महाकाल भगवान से यही आकांक्षा करता हूँ कि लघु धार्मिक ग्रंथ के रूप में यह पुस्तक सभी पाठकों को प्रिय रहे और लेखिका की यश कीर्ति विश्व फलक पर सदैव प्रवाहमान रहे ।

डॉक्टर. अनिल प्रेम जूनवाल
सूबेदार (M) IGP कार्यालय उज्जैन क्षेत्र (M.P. पुलिस)
मुख्य संपादक और "हिंदी के नए चरण" और राजभाषा चेतना के लेखक
संपादकःअंतर्राष्ट्रीय शोधपत्र विंध्य ब्लूम,रिदम और विवेकानंद
कविता फ़ोल्डर 'माँ', 'बेटियाँ', 'राम वंदना' के लेखक
20 से अधिक शोधपत्रों के लेखक

धन्यवाद गुरु जी

पुजारी महेश जी

(खूटपाटी जूना ब्राह्मण प्रमुख)

24 जून 1956 को उज्जैन में जन्मे पुजारी महेश जी का परिवार खूटपाती पुजारियों का एक सम्मानित परिवार रहा है। उनके पिता, स्वर्गीय श्री प्रेम नारायण पुजारी, और उनकी माता, स्वर्गीय श्रीमती रुक्मणी देवी थीं। आध्यात्मिकता व भगवान महाकाल की तरफ उनका रुझान तब ही शुरू हो गया था जब वो 2 साल की उम्र से ही अपने पिताजी की उंगली पकड़कर बाबा महाकाल की पूजा अर्चना में जाया करते थे। आज करीब 64 वर्षों से गुरूजी ने भक्ति भाव से महाकाल की सेवा में खुद को समर्पित किया हुआ है।

दूसरे वर्ष के स्नातक स्तर पर अध्ययन के समय उनकी जिंदगी ने नया मोड़ लिया जब उनके पिताजी के खराब स्वास्थ्य के कारण उनको अपनी पढ़ाई छोड़नी पड़ी, और वो पूरी तन्मयता के साथ भगवान महाकालेश्वर की भक्ति व पूजा में लीन हो गए, साथ ही उन्होंने यजुर्वेद की शिक्षा भी ली। जीवन के इस मोड़ से उन्होंने खुद को पूरी तरह से भगवान महाकाल एवं मानव जाति की सेवा में लगा दिया। सनातन धर्म व संस्कृति को आगे बढ़ाने के उद्देश्य से महेश गुरूजी ने अखिल भारतीय युवा ब्राह्मण समाज की स्थापना की। सनातन धर्म की छत्रछाया में अखिल भारतीय पुजारियों को एकजुट करने के उद्देश्य से वे महाकाल सेना का नेतृत्व बहुत ही सराहनीय तरीके से कर रहे हैं । गुरूजी ने उज्जैन में परशुराम मंदिर व झांसी की रानी की प्रतिमा एवं चाणक्यपुरी कॉलोनी की स्थापना भी की है। बड़े पैमाने पर समाज में उनके असंख्य योगदानों के लिए गुरुजी को कई संगठनों से अनेकों उपाधियाँ एवं मान्यता भी मिली है।

महाकाल को जानने समझने की मेरी इस छोटी सी कोशिश में हर मुलाकात ने इस बात की पुष्टि की है कि महेश गुरूजी भगवान महाकाल के हर पहलू के बारे में जानने का एक अद्वितीय स्रोत हैं। आपसे मिलकर ऐसा लगा मानो मैं किसी ज्ञान के सागर से मिल रही हूँ। आपसे मिलना भगवान महाकाल का ही आशीर्वाद है जिससे कि मैं आधे अधूरे सत्य व मिथकों के बिना भगवान महाकाल के बारे में पूर्ण सच्चाई से लिख व जान पाई। गुरुजी आपने भगवान महाकाल का जो रूप व गहन ज्ञान मुझे दिया है उसे सबके साथ साझा करने के लिए बहुत-बहुत धन्यवाद, मैं हमेशा आपकी ऋणी रहूँगी। । आपके ज्ञान ने मेरे जीवन को नया आयाम दिया है जिसके लिए मैं सदैव आभारी रहूँगी।

समर्पण

यह पुस्तक भगवान महाकाल को समर्पित है ।

मेरी गहरी श्रद्धा और आभार भगवान महाकाल के प्रति, जिनके आशीर्वाद और असीम कृपा ने मुझे इस आत्म-खोज की यात्रा में मार्गदर्शन दिया।

भगवान महाकाल पर यह पुस्तक लिखना मेरे लिए एक अत्यंत संतोषजनक अनुभव रहा है, और मैं उन सभी की आभारी हूँ जिन्होंने इस सपने को साकार करने में योगदान दिया है।

मैं महेश गुरु जी का हार्दिक धन्यवाद करती हूँ, जिनके अटूट समर्थन, ज्ञान और प्रोत्साहन ने मेरा इस लेखन प्रक्रिया के दौरान बहुत साथ दिया। आपका मार्गदर्शन इस पुस्तक को समृद्ध बनाने में अमूल्य रहा और आपने मुझ पर जो विश्वास दिखाया है उस विश्वास ने मुझे महाकाल के रहस्यों को गहराई से जानने के लिए प्रेरित किया।

मैं दिल से धन्यवाद करती हूँ माननीय मनीता राय, डी.एस.पी. उज्जैन पुलिस को, जिन्होंने अपना बहुमूल्य समय देकर अपने अनुभव साझा किए और प्रेरणा का स्रोत बनीं।

साथ ही डॉ. अनिल प्रेम जूनवाल (उज्जैन पुलिस) का भी आभार व्यक्त करती हूँ, जिनका अटूट समर्थन, प्रतिक्रिया और मेरी पुस्तक के प्रति उत्साह अद्वितीय रहा।

मैं पुजारी विजय जी की ऋणी हूँ, जिनका ज्ञान जटिल अवधारणाओं को स्पष्ट करने में अत्यंत सहायक रहा है । आपकी हंसमुख प्रवृत्ति ने मुझे हर तरह से प्रोत्साहित किया है।

मैं महाकालेश्वर मंदिर के अन्य सम्मानित पुजारियों का भी धन्यवाद करती हूँ जिन्होंने अपना बहुमूल्य ज्ञान और समय मेरे साथ साझा किया ।

"क्यूरेट पब्लिशर्स"(Qurate Publishers) की पूरी टीम द्वारा प्रदान की गई विशेषज्ञता और मार्गदर्शन के लिए भी मैं आभारी हूँ। आपका इस पुस्तक के प्रति समर्पण अतुलनीय रहा है।

मेरा धन्यवाद उन सभी लोगों को जिन्होंने अपने अनुभवों को खुले दिल से मुझे बताया जो इस पुस्तक की पूर्णता में महत्वपूर्ण योगदान दे सके और मेरी भगवान महाकाल के प्रति आस्था को और भी गहरा किया।

अंत में, मेरे परिवार और दोस्तों का धन्यवाद, जिन्होंने शोध और लेखन में बिताए गए अनगिनत घंटों के दौरान धैर्य, समझ और प्रोत्साहन दिखाया। आपका अटूट समर्थन मेरे लिए बहुत मायने रखता है।

यह पुस्तक उन सभी लोगों के सामूहिक प्रयास और समर्थन का प्रतीक है, जिन्होंने मेरे जीवन की इस यात्रा को किसी न किसी रूप में स्पर्श किया है। आप सभी का महाकाल को समझने के मेरे इस छोटे से प्रयास का एक मूल्यवान हिस्सा बनने के लिए धन्यवाद।

– पिंकी राज शाह

विषय-सूची

(एवं हर अध्याय के बाद महाकाल भक्तों के वास्तविक अनुभव)

परिचय

मेरे जीवन का असली उद्देश्य क्या है, यह मैंने महाकाल के दर्शन करके ही महसूस किया। उज्जैन, जहाँ हर तरफ मंत्रों की ध्वनि मानो हर कोने-कोने में गूंज रही थी, वो संकरी गलियाँ, वो व्यस्त बाजार सब कुछ महाकाल के नाम से ध्वनित हो रहे थे। वो मनोरम छवि जब सुबह-सुबह सूरज की चमकीली सुनहरी किरणें महाकाल के शिवलिंग को मानो स्पर्श करने आईं हों, मैंने वहाँ जीवन का सार पाया और मुझे एहसास हुआ की मेरी जिंदगी की असली यात्रा तो अब शुरू हुई है।

पहली बार उज्जैन आने पर महाकाल के दर्शन की अभिलाषा मेरे अंदर एक अलग ही उत्साह एवं जिज्ञासा पैदा कर रही थी और महाकाल के दर्शन करके मुझे एक अलग ही सुकून मिल गया, मुझे एहसास हो गया कि मैं कहाँ आई हूँ और क्यूँ आई हूँ।

महाकाल का आशीर्वाद उज्जैन के समस्त वातावरण में फैला हुआ है। ये उनका प्रभाव ही हैं जहाँ समय अपनी गति भूल जाता है, मानो रुक सा जाता है। वहाँ वर्तमान, भूत, भविष्य मानो सब एक हो जाते हैं, एक सुलझी पहेली जैसे सब मिलकर महाकाल का वंदन कर रहे हो। समय सबसे महान है उससे बलवान कोई भी नहीं है और वही राजा है पर उसकी गति भी महाकाल के आगे रुक सी जाती है।

एक रहस्यमयी देव महाकाल जिनको जीवन और मृत्यु का देवता कहा

जाता है, उन्होंने हर समय और काल में लोगों को प्रेरित किया है। महाकाल का स्वरूप शिव कि प्राचीन छवि को लपेटे हुए है, और कमाल कि बात तो ये है कि वो आज के शिव भी हैं। वो ऐसा अखंड स्वरूप हैं जो हम सबके दिल में बसता है। ये महाकाल का प्रभाव और उनकी महिमा ही है जो समस्त संसार को अपनी ओर खींच लेती है। उनका वो स्वरूप देख कर आँखों से मानो खुशी के आँसू बहने लगते हैं और जीवन को एक सही दिशा मिल जाती है। महाकाल का मोहक स्वरूप बहुत ही निराला, बहुत ही अनछुआ है। यह सब केवल भारतीय पौराणिक कथाओं तक ही सीमित नहीं हैं बल्कि आज के जीवन में भी उनकी शिक्षाओं की गूंज समस्त ब्रह्मांड में गुंजाएमान है। महाकाल को यह छोटी सी श्रद्धांजलि मेरे ही नहीं बल्कि समस्त भक्तजनों के प्यार, उनके अनुभवों, उन परंपराओं के एहसास, अनुष्ठानों और मेरे अपने अनुभवों को समेटे हुए है।

आइए हम भी उस असीम सागर में खो जाते हैं जहाँ जाकर हम महाकाल का एहसास कर सकते हैं। चलते हैं उस यात्रा पर जहाँ शायद हम आत्मसुधार कर सकें और महाकाल कि रहस्यमयता को अनुभव कर सकें। आप भी मेरे साथ इस पावन और लगातार चलने वाली खूबसूरत यात्रा में जुड़ें और एहसास करें कि कैसे वहाँ भाग्य भी अपनी राह बदल देता है क्योंकि महाकाल कि दुनिया में कुछ भी ऐसा नहीं है जो आपको एक अद्भुत एहसास न कराता हो। वहाँ सब कुछ ही एकदम निराला है।

अध्याय - 1

महाकाल के प्रति मेरा आकर्षण

बचपन से ही मेरी और मेरे परिवार कि आस्था भगवान में बनी रही है। मैंने एक हिन्दू परिवार में जन्म लिया जहाँ हमारी आस्था का केंद्र हमेशा पूजा पाठ और भगवान रहें हैं। मेरी दिनचर्या में सुबह उठते ही भगवान कि प्रार्थना करना सिखाया गया था। हर लड़की की तरह मेरे भी प्रिय भगवान शिव थे। समय बढ़ता चल गया और मेरी रुचि भगवान कृष्ण और माँ दुर्गा में भी बढ़ने लगी, हालांकि सभी भगवान हैं तो एक ही, बस नाम अलग-अलग है।

धीरे धीरे मैंने पाया कि शिव नाम जैसे मैं भूल ही गयी थी। सच मानिए मैंने अपने 50 साल के जीवन में महाकाल नाम पहले कभी शायद ही सुना हो। मैंने 12 ज्योतिर्लिंगों का नाम तो सुना हुआ था मगर महाकाल के बारे में मैं कुछ नहीं जानती थी।

मगर वो कहते हैं न कि सबकुछ पहले से ही तय होता है, विधि के विधान के हिसाब से। तो एक दिन यूँ हुआ कि हमारे परिवार के पंडित जी ने मेरे पिताजी से कहा कि हमको अपनी बड़ी बेटी को महाकाल के दर्शन के लिए लेकर जाना चाहिए और मुझे कहा कि मैं किसी भी नजदीक के मंदिर में जाकर शिव जी को जल अर्पण करूँ। अचानक से जैसे शिव भक्ति मेरे में

वापस जाग्रत हो गई। ऐसा लग रहा था मानो कोई खोया हुआ बरसों बाद मिल गया हो ।

ये पहली बार था जब मैंने महाकाल के बारे में सुना, मगर मैं सुनकर भी सही से समझ नहीं पाई कि महाकाल वास्तव में क्या हैं या कौन हैं, बस इतना समझ आया कि वो शिव ही हैं। शुरुआत में, मेरे पति को हमारी बेटी को महाकाल लेकर जाना था, लेकिन उनके कुछ कार्य संबंधी विवशताओं के कारण वह नहीं जा सके (उस समय हमें यही समझ आया) इसलिए मैंने इसे खुद के लिए एक साधारण मंदिर यात्रा मानकर जाने के लिए सहमति दे दी। लेकिन किस्मत को तो कुछ और ही मंजूर था, वो कुछ ऐसा था जो इंसान की समझ से परे का था और यह भी सच है कि बिना महाकाल की कृपा के तो पत्ता भी हिल नहीं सकता और ये उन्हीं कि कृपा थी कि उन्होंने मुझे दर्शन के लिए बुलाया। (ऐसी मान्यता हैं कि केवल वही लोग महाकाल के दर्शन कर सकते हैं जिन्हें वह खुद बुलाते हैं, अन्यथा चाहे आप कितनी भी कोशिश कर लें, आप उनके मंदिर से भी उनके दर्शन किए बिना वापस आ जाएंगे)।

रिज़र्वेशन नहीं हो पाने के कारण मैं बहुत ज्यादा दुखी और बेबस महसूस कर रही थी, मैं रोते रोते घर के ही मंदिर में भगवान शिव के सामने जाकर उनसे पूछने लगी कि आखिर मैं क्यों नहीं आ पा रही हूँ ? (फिलहाल मेरे लिए ये सिर्फ छुट्टी में एक मंदिर कि यात्रा व घूमने कि तरह था) इस समय भी मेरे लिए महाकाल का अर्थ मेरी छोटी सी समझ से परे था। पर यकीन करिये उसी दिन मुझे दोपहर में एक ट्रेन के बारे में पता चला कि उसमें टिकट मिल रहे है, हालांकि वो रूट बहुत लंबा था मगर मैंने बिना कोई देरी किये टिकट बुक कर लिए।

और कुछ ही समय बाद मैं और मेरी छोटी बेटी भगवान महाकाल कि उज्जैन यात्रा पर निकल गए, देखो ये भी भगवान कि ही मर्जी थी कि जाना तो मेरी बड़ी बेटी को था मगर गयी मेरी छोटी बेटी। मेरे पति ने जाते-जाते मुझे महाकाल की भस्म आरती के लिए टिकट बुक करने को कहा था क्योंकि वहाँ बहुत ज्यादा लंबी कतार होती हैं या टिकट पहले से ही ऑनलाइन बुक करना पड़ता है। मैंने कुछ लोगों से भस्म आरती के बारे में पूछा मगर कोई

बात नहीं बन पाई, लेकिन महाकाल कि कृपा ही थी कि मुझे सुबह 4 बजे कि भस्म आरती कि टिकट मिल गई। हम रात 9 बजे उज्जैन पहुँचे थे और थोड़ा सा ही आराम करने के बाद हम भस्म आरती की कतार में लग गए। आधी रात का समय था जब मैं और मेरी बेटी भस्म आरती की कतार में बैठे थे, मगर वो भी एक अलग ही एहसास था। दिन भर की थकान मानो गायब हो गयी थी कुछ ऐसा था उस प्रतीक्षा में। भारत के कोने कोने से लोग वहाँ आए हुए थे तो समय बिताने के लिए मैंने वहाँ दर्शन करने आए लोगों से बात करना शुरू किया और मैंने बहुत कुछ जाना। उस समय मैं नहीं जानती थी कि ये घटना मेरे जीवन पर एक अमिट छाप छोड़ने वाली है।

अब शुरू होती हैं मेरे अंतर्मन की यात्रा, जो जाकर महाकाल से मिल जाती है...

जैसे ही सुबह का सूरज लालिमा लिए उदय होने की तैयारी कर रहा था और अपनी सुनहरी आभा बिखेर रहा था, मेरे मन में एक अलग ही तरह की भावना उमड़ रही थी जो सांसारिकता से परे थी। हजारों भक्तों के बीच मुझे ऊपरी मंडप पर कतार में सबसे आगे बैठने की जगह मिली जहाँ से भगवान महाकाल की छवि साफ दिखाई पड़ रही थी। उनको देखते ही मानो सब ठहर सा गया, साँसें रुक सी गई और मेरा अस्तित्व कहीं खो सा गया, मुझे बहुत गहरी शांति और संतोष का अनुभव हो रहा था। ऐसा लग रहा था मानो स्वयं ब्रह्मांड ने मुझे इस पवित्र स्थान पर लाकर जन्म और मृत्यु के ईश्वर से मिलने की पुरजोर कोशिश की हो। उस तल्लीनता के साथ मैंने महाकाल के शिवलिंग को देखा और देखती ही रह गई।

क्या इसको एक संयोग कहा जा सकता है या भगवान की कोई लीला जिसको कोई नहीं समझ सकता, वो जो भी था मैं उस एहसास का वर्णन नहीं कर पाऊँगी क्योंकि उस एहसास को शब्दों में पिरोना आसान नहीं है। दो घंटे चलने वाली भस्म आरती शुरू हो ही गई, हर तरफ भगवान महाकाल का जयकारा गूंज रहा था, घंटियों और मंजीरों की ध्वनि मानो कानों और दिल को एक अलग ही दुनिया में ले गई। ऐसा नजारा मैंने आज तक कभी अपनी जिंदगी में नहीं देखा था। ऐसा लग रहा था कि ये कोई और ही दुनिया हैं जहाँ का वातावरण इतना सकारात्मक है और जहाँ सिर्फ महाकाल का एहसास

ही हर तरफ महसूस हो रहा हो। जैसे ही पवित्र मंत्रों कि ध्वनि मेरे कानों में पड़ने लगी मेरी आँखों से अश्रु धारा बहने लगी। ऐसा एहसास हो रहा था कि इस समस्त ब्रह्मांड में बस मैं और महाकाल ही हैं, न ही वहाँ किसी तरह की कोई रुकावट थी, न ही किसी तरह का मन में कोई संशय था, सांसारिक भावनाओं से परे यह एहसास मेरी अंतर आत्मा को एक अलग ही शांति प्रदान कर रहा था। मुझे एक चुंबकीय शक्ति का एहसास हो रहा था, लग रहा था मानो कुछ तो है जो मुझे अपनी तरफ आकर्षित कर रहा है। यह शिव का वह स्वरूप था जिसको मैंने पहले कभी नहीं देखा था ना ही महसूस किया था। जैसे ही आरती के स्वर धीरे-धीरे कम होने लगे, उस क्षणिक खामोशी में खुद को इस अनुभव से निकालना मुश्किल हो रहा था। दो घंटे कैसे बीते पता ही नहीं चला, आरती समाप्त हो गई पर मैं वहीं जड़वत बैठी रही जैसे किसी अनजानी शक्ति ने मुझे वहाँ से बाँध दिया हो, मैं कहीं खो सी गई थी और उस एहसास से निकलने की मेरी कोई इच्छा भी नहीं थी।

वो अनुभव कोई साधारण अनुभव नहीं हो सकता, ऐसा लग रहा था मानो मेरी आत्मा वहीं रह गई हो और महाकाल में समा गई हो। मुझे ऐसा एहसास हो रहा था कि मानो समय रुक सा गया हो, उस अनुभव ने मेरे अंदर एक नए आयाम को जाग्रत किया, एक नई भावना को उजागर किया और ऐसा एहसास हुआ जिसको मैं कभी नहीं भूल पाऊँगी। महाकाल के उस दिव्य दर्शन ने मेरे ऊपर जो छाप छोड़ी उसका प्रभाव जिंदगी भर मेरे साथ रहेगा। इस पवित्र स्थल ने मेरी आत्मा को भी पवित्र कर दिया।

ऐसा लग रहा था मानो समस्त ब्रह्मांड ने स्वयं एक योजना बनाई हो जहाँ मैं भगवान महाकाल से मिल सकूँ। मैंने ऐसी दिव्य शक्ति का एहसास किया जिसके बारे में शब्दों में कुछ भी लिख पाना आसान नहीं हैं। ऐसा महसूस हो रहा था कि मानो मेरा अस्तित्व महाकाल से जुड़ गया हो। मुझे अपने आस पास बहुत सारी शक्तियों का एहसास हो रहा था, ऐसा लग रहा था मानो सबने मिलकर मुझे इस परम शक्तिशाली और

रहस्यमयी जगह तक पहुँचाया हो।

महाकाल के उस दर्शन ने मुझे जीवन, मृत्यु, दुख, सुख और पुनर्जन्म के सभी चक्रों का अनुभव करा दिया था । मुझे एहसास हो रहा था कि हर पल हर क्षण एक अवसर है, खुद को ऊँचा उठाने का और एक नए सिरे से शुरुआत करने का और उस रहस्य को जानने का जो हर हृदय और कण-कण में व्याप्त है।

मुझे एहसास हो रहा था कि महाकाल ने मेरी जिंदगी को हमेशा के लिए बदल दिया है, उनके सामने मुझे जैसे जीवन को जीने कि एक नई दिशा मिल गई हो। जब मैंने आँखें खोली और अपने अस्तित्व को महसूस किया तो मैंने पाया लोगों कि विभिन्न प्रतिक्रियाओं से उनके अंदर का एहसास झलक रहा था, एहसास भगवान महाकाल से मिलने का, उनके दर्शन का। जिन्होंने उस एहसास को अंतर आत्मा से जिया उनके चेहरे पर एक अलग सा तेज था, उनकी आँखों में अलग ही चमक थी पर साथ ही कुछ ऐसे लोग भी थे जो मोबाइल में लगे हुए थे सोशल मीडिया पर खुद को दिखाने के लिए। थोड़ी देर बाद जब मैंने इधर उधर देखा तो एहसास हुआ कि यहाँ हर किसी कि आत्मा को महाकाल ने एक नई ऊर्जा दी हो, एक नया आयाम दे दिया हो। कुछ लोग शायद इसको समझ नहीं पा रहें होंगे और कुछ लोग मानो अभी तक महाकाल कि उस छवि को अपनी आँखों में बसाए हुए थे पर कुछ ऐसे भी लोग थे जो इस परम अनुभव के बाद भी भीड़ और गर्मी को लेकर गुस्सा कर रहे थे। शायद उनको एहसास ही नहीं हो पाया कि वो कितने किस्मत वाले हैं जिन्हें महाकाल की भस्म आरती में सम्मिलित होने का अवसर मिला था।

दर्शन तो मैंने कर लिए थे मगर अभी भी मंदिर परिसर में बैठी हुई मैं यही सोच रही थी कि मैं यहाँ क्यों हूँ, क्या हैं वो कारण जो मैं यहाँ हूँ, कुछ भी बिना कारण के तो होता नहीं है । मेरे मन में बहुत कुछ चल रहा था मगर सबसे ज्यादा जो बात मेरे मन में थी वो यह थी कि मुझे भगवान महाकाल के दर्शन का मौका मिला था, जो सच में बहुत ही किस्मत से मिलता है।

उस समय मैं नहीं जानती थी कि महाकाल ने मुझे वहाँ क्यों बुलाया था, ये बात तो बस महाकाल ही जानते थे।

मंदिर से बाहर आते हुए मेरे मन में ख्याल आ रहा था कि ये सच हैं या कोई एक क्षणिक एहसास मात्र जिसको अभी-अभी मैंने जिया है। महाकालेश्वर मंदिर के बाद मैं उज्जैन के कई मंदिरों में गई मगर वहाँ मुझे साधारण सा ही प्रतीत हुआ। जैसे ही दोपहर हुई मुझे फिर से ऐसा लगा मानो महाकाल मुझे अपनी तरफ खींच रहें हों, एक और दिव्य अनुभव मानो मेरी प्रतीक्षा कर रहा था। इस बार भगवान महाकाल ने मुझे मुख्य गर्भगृह के बाहर, नंदी के पास बैठने का मार्गदर्शन किया-जो सामान्य लोगों के लिए नहीं होता, वहाँ आधिकारिक पद के लोग, प्रोटोकॉल से आए लोग या कुछ मुख्य लोगों को ही बैठने कि अनुमति होती है। मगर मुझे वहाँ बैठने का मौका मिला वो भी पूरे पाँच मिनट तक। यह फिर से एक अद्भुत पल था जब मैं पूरी तरह से महाकाल में खो गई। इतने करीब से महाकाल के दर्शन करना अपने आप में उनका आशीर्वाद ही था। एक गहरी शांति ने मुझे घेर लिया, मेरे पूरे शरीर में रोंगटे खड़े हो गए। ऐसा लग रहा था जैसे समय खुद ही रुक गया हो, लगा कि मेरे सामने कोई सिनेमा का चलचित्र चल रहा हो। शायद आप लोगों ने भी कभी ऐसा कुछ अनुभव किया हो अपने जीवन में, या शायद एकदम कुछ अलग ही अनुभव रहा हो। उन पाँच मिनटों में ऐसा लग रहा था मानो जीवन कि गति रुक गई हो और उसी पल में समाहित हो गई हो। मैंने भावविभोर होकर अपने जीवन को वहीं महाकाल को समर्पित कर दिया। मुझे जीवन जीने का एक नया दृष्टिकोण मिल गया था। क्या प्रतिक्रिया होगी आपकी अगर मैं बताऊँ कि बार-बार उस एहसास का होना कोई मामूली बात नहीं थी कि मैंने फिर शाम को पाया कि मैं महाकाल की आरती के समय उनके समक्ष खड़ी थी (जबकि मुझे तो उस समय महाकाल की आरती का समय भी नहीं पता था)। मैं बस कृतज्ञता से खुद को महाकाल की तरफ खिंचा हुआ सा महसूस कर रही थी। आभार से भरी मेरी आत्मा मानो महाकाल की तरफ एक चुंबक के जैसे खींची चली जा रही थी। दिल से सिर्फ महाकाल को धन्यवाद ही निकल रहा था।

यह मेरा महाकाल के दर्शन का पहला अनुभव था। मगर वो कहते हैं न कि सांसारिक बंधन सामने आ ही जाते हैं और अगले दिन मुझे बहुत ही भावुक मन से अपने घर के लिए रवाना होना पड़ा। ना जाने किस बात को लेकर मेरा मन इतना ज्यादा उदास और परेशान सा हो रहा था पर इस दिव्य अनुभव ने मेरे अंदर एक शांति की जैसे नदी सी बहा दी हो। मैंने अपने अंदर एक बदलाव अनुभव किया, एक ऐसा बदलाव जिसने मुझे आत्मनियंत्रण से परिचित कराया, हाँ सच में ये बदलाव कुछ अच्छे के लिए ही था। महाकाल के अपने इस प्रथम दर्शन से पहले मैं भी आम लोगों की तरह अनुचित कारणों व परिस्थितियों से संघर्ष करती थी। बच्चों को लेकर, या अंदर से खुश न होना, वित्तीय समस्याएँ, किसी भी बात पर चिड़चिड़ापन, इत्यादि। परंतु इस दिव्य दर्शन ने मेरे अंदर सब कुछ बदल सा दिया। मैं रातों रात बदलने का दावा तो नहीं करती पर ये सच है कि तब से महाकाल के आशीर्वाद से मेरे अंदर बेहतर बदलाव आए है। मुझे ऐसा प्रतीत होता है कि उन्होंने मुझे वहाँ मेरे अंदर की दुविधाओं, उथल-पुथल और भ्रांतियों को दूर करने के लिए बुलाया था ताकि मैं जान सकूँ कि ईश्वर के साथ एक सच्चा संबंध केवल मंदिरों, अनुष्ठानों से ही नहीं होता, आत्मा के स्तर पर उनसे जुड़ना वही सबसे सच्ची भक्ति होती है। सबसे बड़ी बात तो ये है कि महाकाल के दर्शन करके मैं अब हर परिस्थिति में खुश रहना सीख गई हूँ। मैं अपने घर तो वापस आ गई मगर मेरी आत्मा महाकाल के पास ही कहीं रह गई थी।

वक्त बीता और अगले महीने मुझे फिर से ऐसा लगा कि मुझे भगवान महाकाल के दर्शन के लिए जाना चाहिए। दूसरी बार बाबा महाकाल के दर्शन करने गई पर सच मानिये कुछ नहीं बदला था फिर से महाकाल के समक्ष उनमें खो जाने का एहसास था। महाकाल के दर्शन करते ही कुछ हो सा जाता है ऐसा लगता है कि उनके समक्ष खड़े रहकर बस उन्हें देखते रहो। मैंने उस दिन भी तीन बार महाकाल के दर्शन किये पर पता नहीं क्यों मैंने बाबा से कुछ नहीं माँगा ऐसा लगा जैसे उनके दर्शन होना ही अपनेआप में एक आशीर्वाद है, एक कृपा है और महाकाल की कृपा हो तो जीवन में और क्या चाहिए।

हाँ इस बात का एहसास मुझे बाद में हुआ कि इस बार महाकाल का मुझे अपने दर्शन के लिए बुलाने का क्या कारण था।

दूसरी बार भगवान महाकाल के दर्शन करने के बाद एक दिन मैं अपने घर के मंदिर में बैठी रोज़ की तरह शिव मंत्र का जाप कर रही थी तो मुझे एक आवाज़ सुनाई दी, ऐसा लग रहा था मानो कोई मुझे महाकाल के दर्शन के बारे में लिखने को कह रहा हो। लेकिन मैंने उसको अपनी कल्पना समझा और अनसुना कर दिया। पर कहते हैं न कि होता वही है जो किस्मत में लिखा होता है। कोविड के समय मैंने अपनी नौकरी छोड़ दी थी। लेखन हमेशा से मेरा शौक रहा है मगर उसको भी मैंने अनदेखा किया हुआ था। उसी रात मैं नींद से चौंक कर जाग गई, मुझे लगा कि फिर से कोई मुझे महाकाल के बारे में लिखने के लिए कह रहा हो एक दम वैसा ही जैसा मैंने सच में महाकाल के दर्शन के वक्त अनुभव किया था। फिर क्या था अगले दिन से ही भगवान महाकाल के आशीर्वाद से अपने अनुभवों को लिखना शुरू कर दिया और इस पुस्तक का रूप दे दिया। यही इस किताब रूपी पावन यात्रा की शुरुआत थी।

डी.एस.पी. मनीता राय
उज्जैन पुलिस

"मैं 25 साल से पुलिस कि नौकरी में हूँ, यदि आप उज्जैन में हैं और आपने महाकाल के दर्शन नहीं किए तो समझिए आप अपूर्ण हैं। मैं महाकाल बाबा के दर्शन को जाती रहती हूँ, उनके बिना हमारा अस्तित्व ही नहीं है। जब भी मैं महाकालेश्वर मंदिर जाती हूँ तो सोचती हूँ बाबा से ये मांगूँगी, वो मांगूँगी, पर उनके समक्ष आते ही मैं सब भूल जाती हूँ, मूक रह जाती हूँ। मुझे नहीं पता ऐसा क्यों होता है, पर उस समय मैं बस बाबा को ही निहारती रहती हूँ। मुझे इतना सुकून मिलता है, ऐसा लगता है जैसे वो मेरे लिए सब कुछ हैं।

ईश्वर के लिए जो आपकी आस्था है, जब आप उसमें खुद को पूर्ण रूप से समर्पित कर देते हैं तो बस वही भक्ति है मेरी नजर में। शिव के अंदर विष भी है, अमृत भी है। सबके अंदर अच्छाई भी होती है बुराई भी होती है। लोगों की अच्छाई को अपनाते चलो और बुराई को छोड़ते चलो, शिव जी से यही सीख सकते हैं हम।"

डॉक्टर शुभांगी घाटगे
नेत्र विशेषज्ञ (पुणे)

"यह दूसरी बार है जब मैं महाकालेश्वर मंदिर आई हूँ । पहली बार जब मैं आई थी तो ठीक से बाबा के दर्शन नहीं हुए थे। मुझे कुछ कमी सी लग रही थी इसलिए फिर से आई हूँ। इस बार बाबा महाकाल की कृपा से शांतिपूर्ण दर्शन हुए। मुझे लगता है कि एक सर्वोच्च शक्ति है जो सब कुछ कर रही है चाहे वह मेरा यहाँ आना हो या दुनिया की कोई भी घटना। महाकाल की उपस्थिति में जब मैं उनके सामने थी तो मुझे एक सुरक्षा का अनुभव हुआ जैसे एक बेटी अपने पिता के साथ सुरक्षित महसूस करती है वैसा। मेरे चेहरे पर जो आप अभी चमक देख रही हैं यह उसी सुरक्षा वाली फीलिंग का असर है।

हम सबको शिव से धैर्य रखना और अपने क्रोध पर नियंत्रण रखना सीखना चाहिए और नशे से बचना चाहिए।"

अध्याय-2

महाकाल एक अनुभव

जब मैं महाकाल के दर्शन करती हूँ, उनके समक्ष होती हूँ तो मैं अपने अंदर एक शक्ति को महसूस करती हूँ, यह एक ऐसी अनुभूति है, जिसे मैंने महसूस किया और हर बार जब भी मैं उनके दर्शन करती हूँ, यह अनुभव फिर से होता है। यह एक ऐसी भावना है जो मैंने बहुत गहराई से महसूस की। जितना भी मैंने महाकाल के बारे में जानने की कोशिश की उतना ही महसूस होता है कि मैं अभी उन्हें कुछ नहीं जानती, बहुत कुछ और जानने की जरूरत है। महाकाल को जानने समझने की यात्रा में मुझे भारत के कोने-कोने से आए लोग मिले, चाहे वह कर्नाटक से हो, बंगाल, गुजरात या झारखंड पर किसी के पास भी अपनी भावनाओं को व्यक्त करने के लिए शायद शब्द ही नहीं थे। लेकिन हर किसी ने भगवान महाकाल के समक्ष एक सकारात्मक ऊर्जा को महसूस किया। इस बात का अनुभव भी किया कि महाकाल के दर्शन के बाद उनके जीवन में बहुत अच्छे और सकारात्मक बदलाव आए।

वहाँ कुछ ऐसे लोग भी थे जो इस बेहद पवित्र स्थान पर सिर्फ छुट्टियाँ मनाने ही आए थे। मगर वह उन लोगों में से थे जिन्होंने महाकाल के दर्शन तो किए लेकिन उनके आशीर्वाद के लाभ से वंचित रह गए। वह यह बात

नहीं समझ पाए कि महाकाल उन्हें बहुत कुछ बेहतर देने का मौका दे रहे थे। यह सच है हर किसी को महाकाल के दर्शन का सौभाग्य नहीं मिलता। केवल उन्हीं को आशीर्वाद और दर्शन प्राप्त करने का अवसर मिलता है जिन्हें महाकाल बुलाना चाहते हैं। ऐसे भी बहुत सारे लोग हैं जो नियमानुसार भगवान महाकाल के दर्शन करने आते हैं। वह लोग खुद को बहुत भाग्यशाली और धन्य मानते हैं। मैं भी उनमें से एक हूँ क्योंकि मुझे भी जीवन में कुछ एक बार भगवान महाकाल के दर्शन करने का मौका मिला। मैं जब-जब भी महाकाल के दर्शन करने जाती हूँ अपने अंदर एक सकारात्मक ऊर्जा को महसूस करती हूँ शायद यही भगवान महाकाल का आशीर्वाद है।

जीवन बदलने वाली व आँख खोलने वाली यात्रा....

महाकाल के समक्ष मुझे ऐसा लगा जैसे मैं कुछ भी नहीं हूँ - शून्य हूँ। उस पल में यह एहसास होता है कि इस ब्रह्मांड में हम कुछ भी नहीं हैं । महाकाल ही सब कुछ हैं। जीवन एक शिक्षाप्रद तरीके से सामने आता है, आपका सारा अहंकार, सारे ढोंग सब हवा में विलीन हो जाते हैं और यह एहसास होता है कि जीवन क्षणभंगुर है। आज आप जो भी भौतिक चीजों को इकट्ठा करने की होड़ में लगे हैं, वो सब यही रह जाएँगी, आपके साथ कुछ नहीं जाएगा। महाकाल के दर्शन के बाद हो सकता है आपको अपने अंदर जीवन में बड़े बदलाव ना नजर आयें, पर यह तय है कि उनके दर्शन के बाद आपके जीवन में छोटे-छोटे सकारात्मक बदलाव निश्चित तौर पर आएँगे जो धीरे-धीरे बड़ा रूप ले लेंगे। शुरुआत में ये परिवर्तन सूक्ष्म लगेंगे परंतु वो आपकी जिंदगी में बड़े व महत्वपूर्ण बदलाव लाएँगे जैसे कोई व्यक्ति अपने अहंकार को समझ पाए, कोई क्रोध करना काम कर दे या कोई वर्तमान में जीना शुरू कर दे भविष्य के बारे में ज्यादा चिंता ना करके। महाकाल की उपस्थिति में शांति, संतुष्टि व आनंद का अनुभव होता हैं । महाकाल के सामने होना वह क्षण थ जब मुझे ऐसा लगा कि मैं सच में कुछ नहीं हूँ, मुझे ऐसा लगा कि मुझे अपनी तरह से छोटा सा ज्ञान मिल गया हो । मुझे अपने अंदर नई दिशा दिख गई और बिना किसी बाहरी पुष्टि के, बिना किसी बाहरी मान्यता के, बिना संदेह के मैंने अपने अंदर हुए इस बदलाव को अपना लिया ।

यह एक जादू जैसा है, आपको बस उस जादू में विश्वास करना होगा। कुछ असाधारण, कुछ अप्रत्याशित बेहतरी के लिए आपका इंतज़ार करता है। आपको बस इसको महसूस करना होगा और इसे पूर्ण विश्वास व खुले दिल और दिमाग से स्वीकार करना होगा। पीछे मुड़कर देखने पर मुझे ऐसा प्रतीत होता है जैसे कि यह ब्रह्मांड का मुझे आत्मखोज, वास्तविक खुशी, महाकाल को जानने का मौका और उनके सर्वव्यापी ज्ञान को साझा करने का तरीका था - महाकाल की शिक्षाएँ जो पीढ़ियों से लेकर आज तक चली आ रहीं हैं, दुनिया इन शिक्षाओं का सार भूल गयी हैं जिनकी आज सबसे ज्यादा जरूरत है ।

मुझे सच में अब ऐसा एहसास होता है कि महाकाल की उपस्थिति आपको अंदर से झकझोर कर रख देती है, सब कुछ मानो खाक में बदल देती है और आपको अंतिम मुक्ति की तरफ ले जाती है। मगर आपको उन पर विश्वास करना होगा और यह मानना होगा कि संसार में व्याप्त जो शक्ति है, जो ऊर्जा है, जो संसार और ब्रह्मांड का सच है वह कुछ और नहीं सिर्फ महाकाल है।

ऐसी है मेरे महाकाल की शक्ति ।

विजय पुजारी जी

महाकालेश्वर मंदिर (उज्जैन)

"भक्ति विश्वास है और हमारे भरोसे का केंद्र है। भक्ति में हमें विचलित नहीं होना चाहिए, हमें एकाग्रता के साथ भक्ति करनी चाहिए और हमारा विश्वास ही हमारी एकाग्रता है। भक्ति आपके जीवन से सभी बाधाओं को दूर कर देगी और आपकी सभी समस्याओं का समाधान करेगी। अगर आज की पीढ़ी को भक्ति बेकार लग रही है तो कहीं न कहीं गलती पुरानी पीढ़ी की है जिन्होंने अपने बच्चों में बचपन से ही उन मूल्यों को नहीं डाला, बल्कि उन्हें आधुनिकता की ओर धकेल दिया। इस तेज़ रफ़्तार दुनिया में उन्हें बाधाओं और समस्याओं का सामना करना पड़ेगा, जिसका समाधान केवल भक्ति के माध्यम से ही संभव है क्योंकि भगवान रास्ता दिखाते हैं कि किसी भी समस्यात्मक स्थिति से कैसे निकला जाए, लेकिन इसके लिए विश्वास और भक्ति की आवश्यकता होती है। ये हमारी पीढ़ी की जिम्मेदारी है कि अपने बच्चो में हमारे प्राचीन संस्कार डाले जिससे आज पूरी दुनिया अपना रही है। इच्छाएँ रखना, महत्वाकांक्षी होना गलत नहीं है पर इसकी होड़ में हमें खुद को नहीं भुलाना चाहिए, सच्ची खुशी को नहीं भूलना चाहिए। किस जगह थामना है ये हमें ही निर्धारित करना होगा। शिव ही वह केंद्र बिंदु हैं जहाँ से सब कुछ शुरु होता है और समाप्त होता है। यदि आप शिव से एक 'छोटी मात्रा' हटा दें, तो वह शव बन जाता है। शिव में विश्वास रखें आपको सच्ची खुशी मिलेगी।"

रमेश भाई
78 वर्ष (गुजरात)

"महाकाल एक दिव्य अनुभव है ऐसा मुझे महसूस हुआ है। मेरे अंदर कुछ सकारात्मकता जाग्रत हुई है। इस उम्र में मुझे लगता है कि चाहे हम सब कुछ कर लें, यह सब अस्थायी है, केवल भक्ति ही स्थायी है। मैं उम्मीद करता हूँ कि युवा लोग इसे जितनी जल्दी समझ लें, उतना अच्छा है। कभी न खत्म होने वाली भागदौड़ की ज़िंदगी में कुछ नहीं रखा है। शिव ही एकमात्र सत्य हैं। भस्म आरती का हिस्सा बनना मेरे लिए सभी कठिनाइयों और प्रयासों को सार्थक बना देता है, जो मैंने इस उम्र में यहाँ आने के लिए किए हैं। मैं पूर्ण महसूस कर रहा हूँ। अब अगर मेरी मृत्यु भी हो जाए तो मुझे कोई पछतावा नहीं है, क्योंकि मुझे महाकाल के दर्शन का आशीर्वाद मिल गया है।"

अध्याय-3

कौन हैं महाकाल ?

महाकाल कौन हैं ? क्या वह शिव का ही प्रारूप हैं या उनका कोई एक अलग अस्तित्व है या फिर यह कहिए कि वह एक ही दिव्य तत्व के अलग-अलग रूप हैं। बड़े-बड़े धार्मिक व्यक्तियों और ज्ञानियों ने माना है कि शिव और महाकाल मूल रूप से एक ही हैं, बस उनका स्वरूप अलग है। **महाकाल ही शिव हैं, शिव ही महाकाल हैं।**

लिंग पुराण का एक श्लोक बताता है कि महाकाल शिव का ही एक रूप है। यह श्लोक शिव की शाश्वत और सर्वोच्च शक्तियों और आध्यात्मिक कल्याण का उचित रूप से वर्णन करता है।

समय को काल भी कहा जाता है और महाकाल का अर्थ है कोई ऐसा जो समय की सीमाओं में ना बंधा हो या समय की सीमाओं से परे हो। महाकाल शिव का प्रतिनिधित्व करते हुए समय की सीमाओं से बहुत दूर मृत्यु को भी पार करने के रूप में जाने जाते हैं।

महाकाल से परे कुछ भी नहीं है ना कोई तत्व, न कोई सीमा, ना ही स्वयं समय या काल ।

महाकाल में "महा" का अर्थ है महान, काल का अर्थ है समय और यही शिव को समय के सबसे बड़े संरक्षक के रूप में दर्शाता है। "काल" का अर्थ

मृत्यु भी होता है, इसलिए महाकाल को मृत्यु के अंतिम क्षण का सूचक भी माना जाता है, जो समस्त अस्तित्वों का संघारक है। महाकाल में समय की कोई सीमा नहीं रहती और वहीं असीम और अनंत संभावनाओं की उत्पत्ति होती है।

महाकाल भगवान शिव का स्वरूप हैं, उनके सामने कोई वास्तविकता, कोई सीमा या काल कुछ नहीं रह जाता है। वही अंतिम सत्य है। महाकाल शिव रूप में समस्त पारिवारिक धारकों से जुड़े हैं और जब बात मृत्यु और समय की आती है तो भगवान शिव महाकाल का रूप ले लेते हैं।

विनायक खत्री

(इंदौर)

"जब आप यहाँ आते हैं, तो आपके शरीर में सकारात्मक ऊर्जा का संचार होता है जो महाकाल बाबा के सामने आने पर अपने चरम पर पहुँच जाती है। जब मैं मंदिर परिसर में प्रवेश करता हूँ तो थका हुआ महसूस करता हूँ, लेकिन जब मैं बाबा महाकाल के सामने खड़ा था, तो ऐसा लगा जैसे मैं पूरी तरह से ऊर्जा से भर गया हूँ। यह बाबा की ऊर्जा है जो मुझे हर रविवार यहाँ बुलाती है और जब मैं यहाँ आता हूँ तो हमेशा कुछ अच्छा मेरा इंतजार करता है, चाहे वह कितना भी छोटा हो। चाहे भीड़ कितनी भी हो या मौसम कैसा भी हो, महाकाल मुझे अपने दर्शन के लिए आने का रास्ता दिखा ही देते हैं।"

आकाश

25 वर्ष , वकील (दिल्ली)

"यह चौथी बार है जब मैं महाकाल के दर्शन के लिए आ रहा हूँ। यह एक बहुत ही आध्यात्मिक स्थान है और जब मैं महाकाल बाबा के दर्शन करता हूँ तो मुझे बहुत सकारात्मक ऊर्जा मिलती है... इसे नाम देना मुश्किल है, लेकिन वह एहसास कुछ अलग ही होता है, जैसे आपकी पूरी ज़िंदगी आपके सामने घूम गई हो और आपको एक नई दृष्टि मिल जाती है जीने और आगे बढ़ने के लिए। जब मैं उस देवी-देवता से जुड़ पाता हूँ जिसमें मैं विश्वास करता हूँ, जब मैं खुद को उनमें देख पाता हूँ वही भक्ति है। शिव ज्ञान और विश्वास के प्रतीक हैं... उनसे हम त्याग और धैर्य सीख सकते हैं, जो आज के समय में बहुत ज़रूरी है क्योंकि हमारी पीढ़ी छोटी-छोटी बातों पर आसानी से भटक जाती है और अपना नियंत्रण खो देती है।"

अध्याय-4

पौराणिक कथाओं में महाकाल

भगवान महाकाल के रहस्यमय आकर्षण को समझने से पहले हमें उनके रहस्यमय अस्तित्व की उत्पत्ति को समझना होगा। स्कंद पुराण व शिव पुराण में भगवान महाकाल के अस्तित्व, उनकी शक्ति व महत्व को बहुत ही सुंदर रूप से वर्णित किया गया है। यह अमूल्य जानकारी मुझे स्वयं उज्जैन के बाबा महाकाल के जीते जागते विश्व-कोष के रूप में प्रसिद्ध पुजारी महेश जी ने दी।

"उज्जैन के महाकाल शिवलिंग को स्वयंभू कहा जाता है जिसका अर्थ होता है स्वयं स्वाभाविक रूप से प्रकट होना या उत्पन्न होना। महाकाल की उपस्थिति युगों युगों से बनी हुई है। सतयुग की बात अगर की जाए तो देवताओं और दानवों के बीच भी महाकाल की उपस्थिति रही। त्रेता युग की अगर हम बात करें तो भगवान राम ने भी महाकाल की पूजा की और हनुमान जी भगवान श्री राम के राज्याभिषेक के लिए महाकालेश्वर मंदिर परिसर के कोटितीर्थ से पवित्र जल लेकर गए। द्वापर युग में श्री कृष्ण जी ने उज्जैन के संदीपनी आश्रम में शिक्षा ग्रहण की और महाकालेश्वर भगवान की पूजा की। भगवान महाकाल का अस्तित्व कलयुग से पहले भी था , कलयुग में भी है और हमेशा बना रहेगा।"

महाकाल भगवान तो आदि अनादि हैं केवल उनका स्वरूप ही बदलता रहता है ।

पृथ्वी की उत्पत्ति के साथ महाकालेश्वर की उत्पत्ति :

पौराणिक कथाओं के अनुसार ऐसा कहा जाता है कि महाकाल की उत्पत्ति पृथ्वी के साथ हुई थी। ऐसा माना जाता है कि पृथ्वी की उत्पत्ति के समय ही महाकाल ज्योतिर्लिंग उत्पन्न हुआ। कहते हैं उस समय पूरा उज्जैन एक वीरान श्मशान की भांति पड़ा था। भगवान महाकाल ज्योतिर्लिंग के प्रकट होते ही उज्जैन समस्त शक्तियों, धन-धान्य, वैभव और जीवन से परिपूर्ण हो गया।

भगवान महाकाल को पृथ्वी का पहला शिवलिंग माना जाता है, यह भी मान्यता है कि भगवान महाकाल के दर्शन मात्र से ही इंसान जीवन और मृत्यु के चक्र से छूट जाता है और उसे मोक्ष की प्राप्ति होती है।

सतयुग में महाकाल की उत्पत्ति :

सतयुग में जब प्रलय के बाद पृथ्वी शांत थी तो देवता भी इसी क्षेत्र में निवास किया करते थे। ऐसी मान्यता है कि एक बार भगवान् विष्णु और ब्रह्मा के बीच उनकी सर्वोच्चता को लेकर एक विवाद उत्पन्न हुआ और यह विवाद धीरे-धीरे बहुत ही भयानक रूप धारण करने लगा, तभी उनके सामने एक विशाल दिव्य ज्योति प्रकट हुई जिसकी उत्पत्ति और उद्देश्य के बारे में किसी को कुछ भी नहीं मालूम था । भगवान विष्णु और ब्रह्मा जी के बीच हुई उस बहस को सुलझाने के लिए सभी देवताओं ने यह तय किया कि ब्रह्मा जी उस ज्योति के आसमान वाले सिरे को खोजने जाएँगे व विष्णु जी नीचे की तरफ धरती के अंदर वाले सिरे को खोजने जाएँगे और जो भी इस ज्योति के अंत या ऊपर वाले सिरे को खोज पाएगा उसे ही सर्वश्रेष्ठ माना जाएगा। लंबी खोज के बाद भी भगवान विष्णु को वह अंत नहीं मिला, वहीं ब्रह्मा जी ने केतकी के फूल और गाय को अपनी तरफ कर लिया और कहा कि वह सबसे ऐसा बोले कि ब्रह्मा ने ज्योति का आसमान वाला सिरा खोज लिया है।

जब भगवान शिव को ब्रह्मा के इस धोखे का पता चला तो वह ज्योति से प्रकट हुए और बहुत ज्यादा क्रोधित हुए और उन्होंने भैरव को आदेश दिया कि वह ब्रह्मा का सिर धड़ से अलग कर दें। साथ ही शिव ने ब्रह्मा को श्राप दिया कि उनकी पूजा कभी भी नहीं की जाएगी, शिव ने केतकी के फूल को भी श्राप दिया कि केतकी के फूल को अब कभी भी पूजा में भगवान शिव को समर्पित नहीं किया जाएगा क्योंकि उसने इस धोखे में ब्रह्मा का साथ दिया था । गाय, जिसको जानवरों में सबसे ज्यादा पवित्र माना जाता है उसको यह श्राप दिया कि गाय ने अपने मुँह से झूठ बोला इसलिए उसका मुँह हमेशा के लिए अपवित्र रहेगा और दूषित चीजों को खायेगा ।

यह श्राप सुन सभी देवी देवता विचलित हो गए और भगवान शिव से प्रार्थना करने लगे, उनकी प्रार्थना से भगवान शिव खुश होकर बोले कि ब्रह्मा की पूजा सिर्फ पुष्कर में ही की जाएगी और केतकी के फूल शादी और सजावट में पूजनीय माने जाएँगे । गाय को हमेशा ही पूरी तरह से पवित्र माना जाएगा सिवाए उसके मुँह के और गाय को माता का दर्जा दिया जाएगा।

देवताओं के अनुरोध पर ज्योतिर्लिंग का एक हिस्सा स्वर्ग में देवताओं की पूजा के लिए चला गया, एक भाग पाताल लोक में नाग, यक्ष और अन्य प्राणियों द्वारा पूजा के लिए चला गया। शेष भाग पृथ्वी पर अवंतिका (जिसे वर्तमान में उज्जैन कहा जाता है) में भगवान महाकाल के रूप में स्थापित हो गया जहाँ साधारण मनुष्य भी उनकी पूजा कर सकें।

शिव पुराण का एक संस्कृत मंत्र है :

जो भगवान शिव आकाश में तारक, पाताल में हाटकेश्वर एवं मृत्यु लोक में महाकाल बनकर विराजते हैं उनको हम सादर प्रणाम करते हैं।

इस मंत्र में भगवान महाकाल को तीनों लोकों के स्वामी के रूप में सम्मानित किया गया है।

एक और पौराणिक कथा :

प्राचीन काल में एक राजा हुए जिनका नाम चंद्रसेन था वह भगवान शिव के परम भक्त थे। एक दिन एक युवक जिसका नाम श्रीखर था, उसने राजा को शिव का नाम जपते हुए सुना, वह शिव नाम से बहुत अधिक प्रभावित हुआ और पूजा में सम्मिलित होने के लिए इच्छा जताने लगा। लेकिन राजा के पहरेदारों ने उसे वहाँ से हटा दिया और शहर से बहुत दूर शिप्रा नदी के किनारे भेज दिया। राजा चंद्रसेन की अटूट भक्ति से प्रेरित होकर श्रीखर ने एक पत्थर को शिवलिंग के रूप में स्थापित किया और उसकी पूजा करने लगा। एक बार श्रीखर को मालूम हुआ कि राजा रिपुदमन और सिंहआदित्य, राक्षस राजा दूषण की मदद से शहर पर हमला करने की योजना बना रहे हैं । दूषण को भगवान ब्रह्मा से अदृश्य होने की शक्ति प्राप्त थी। उसने अपनी शक्तियों के बल पर एक बार देवताओं को हराकर स्वर्ग से बाहर निकाल दिया था। दूषण ने अवंतिका में शिव की पूजा बंद करने का आदेश दिया, लेकिन ब्राह्मणों ने उसकी बात को नहीं माना और लगातार शिव की भक्ति में लीन रहे। इस बात से क्रोधित होकर दूषण ने उन सभी ब्राह्मणों को सताना शुरू कर दिया जो भगवान शिव की पूजा किया करते थे। शत्रु यहाँ तक भी नहीं रुके और अवंतिका पहुँचकर मासूम लोगों पर अत्याचार करने लगे और उनको अपना शिकार बनाने लगे। उन्होंने सभी पूजा पाठ, अनुष्ठानों और धार्मिक गतिविधियों पर रोक लगा दी। जब श्रीखर को इस बात का पता चला तो उसने एक पुजारी के साथ जिसका नाम वृद्धि था, मिलकर भगवान शिव से रक्षा की प्रार्थना की। लोगों को दुखी देख श्रीखर, वृद्धि व अवंतिका के ब्राह्मणों व लोगों की प्रार्थना सुन भगवान शिव स्वयं पृथ्वी पर प्रकट हुए और "हुम" शब्द का उच्चारण किया। उस उच्चारण को सुनते ही समस्त राक्षस सेना व दूषण का नाश हो गया।

भावपूर्णता के साथ अवंतिका के लोगों ने भगवान शिव से अनुरोध किया कि वह हमेशा के लिए उनके साथ अवंतिका में रह जाएँ । उन लोगों की भक्ति से प्रसन्न होकर भगवान शिव "महाकाल ज्योतिर्लिंग" के रूप में अवंतिका(उज्जैन) में निवास करने लगे, जो स्वयं शिव व माता पार्वती की

शक्तियों से प्रकट हुआ था। भगवान शिव ने समस्त संसार के कल्याण के लिए आशीर्वाद दिया कि जो लोग इस रूप में उनकी पूजा करेंगे, वे मृत्यु और रोगों से मुक्त रहेंगे और शिव का संरक्षण सदैव उनके साथ रहेगा।। यही वह घटना थी जिसने भगवान शिव को महाकाल के रूप में स्थापित किया जो धर्म के रक्षक और बुराई का नाश करने वाले माने जाते हैं।

विश्वजीत सिंह
(झारखंड)

"यह पहली बार है जब मैं महाकाल के दर्शन के लिए आया हूँ। महाकाल का अनुभव कुछ अलग ही है। महाकाल के दर्शन के दौरान मैंने शक्तिशाली तरंगों को महसूस किया। ऐसा लगा जैसे मैं किसी बिल्कुल अलग दुनिया में पहुँच गया हूँ। वहाँ निश्चित रूप से कोई अज्ञात शक्ति है। मैं बार-बार बाबा के दर्शन के लिए आना चाहूँगा।"

पूजा बैरागी

(उज्जैन)

"मैं पिछले 2 साल से महाकालेश्वर मंदिर में काम कर रही हूँ और हर दिन काम शुरु करने से पहले सुबह महाकाल बाबा के दर्शन के लिए जाती हूँ। जब मैं बाबा के पास होती हूँ, तो मैं सारी चिंताएँ और समस्याएँ भूल जाती हूँ और बहुत शांत और खुश महसूस करती हूँ, यहाँ तक कि मुझे घर जाने का भी मन नहीं करता। मुझे हमेशा लगता है कि एक साया मेरे साथ चलता रहता है, जो कहता है कि मैं तुम्हारी देखभाल के लिए हूँ। मुझे रात को बाहर जाने से हमेशा डर लगता था, लेकिन यहाँ आने के बाद से मैं महसूस करती हूँ कि बाबा हमेशा मेरे साथ हैं, यहाँ तक कि अंधेरे में भी मुझे सुरक्षित महसूस होता है। मुझे याद है, यहाँ आने से पहले जीवन में जब कुछ सही नहीं चल रहा था तो मैंने बाबा से कहा था कि मुझे अपने पास बुलाओ। आप यकीन नहीं करोगे, कुछ ही दिनों में मैं यहाँ आ गई और बिना किसी बड़ी पहुँच या जान पहचान के मुझे बाबा के मंदिर में नौकरी मिल गई। जब से मैं यहाँ काम कर रही हूँ, मेरे साथ कई चमत्कार हुए हैं। मुझे लगता है कि हमें शिव से त्याग (बलिदान) सीखना चाहिए, उनका त्याग इतना विशाल है कि हम उसकी कल्पना भी नहीं कर सकते।"

अध्याय - 5

महाकालेश्वर मंदिर

महाकालेश्वर मंदिर, आज के उज्जैन शहर (जिसे अवंतिका, पद्मावती, कुमुदवती, कुशस्थली, अमरावती और चूरामणि जैसे अन्य नामों से भी जाना जाता था) में स्थित है वहाँ भगवान शिव की पूजा की जाती है, जिन्हें महाकालेश्वर के रूप में जाना जाता है। महाकालेश्वर नाम 'महाकाल' से लिया गया है, जिसका अर्थ होता है समय और मृत्यु से भी महान। महाकाल ज्योतिर्लिंग का दक्षिण की दिशा में मुख होने के कारण "दक्षिणामुखी" भी कहा जाता है। दक्षिण दिशा को समय और मृत्यु की दिशा माना जाता है जो केवल महाकाल के अधीन है, क्योंकि महाकाल ही समय और मृत्यु दोनों को नियंत्रित करते हैं।

भगवान महाकाल के इस प्राचीन मंदिर का महत्व युगों-युगों से है। पुराणों के अनुसार इस मंदिर का निर्माण स्वयं ब्रह्मा जी ने किया था। महाकालेश्वर मंदिर को प्राचीन संस्कृत ग्रंथों जैसे मत्स्य पुराण और अवंति खंड के अनुसार 4वीं - 6वीं शताब्दी ईसा पूर्व का माना जाता है। गुप्त साम्राज्य और उसके बाद के काल में इस मंदिर ने वास्तुकला की दृष्टि से बहुत उन्नति की, जिसमें जटिल नक्काशियों और संरचनात्मक विस्तारों का समावेश हुआ। महाकालेश्वर मंदिर को कई आक्रमणकारियों द्वारा बहुत

नुकसान पहुँचाया गया, मगर महाकाल बाबा को कोई नुकसान नहीं हुआ, केवल मंदिर की बाहरी संरचना को क्षति पहुंची । महाकालेश्वर मंदिर के धार्मिक व सांस्कृतिक महत्व को बनाए रखने के प्रयास निरंतर किये जा रहे हैं। महाकालेश्वर मंदिर एक प्रतिष्ठित स्थल है, जो भगवान शिव के स्वयं प्रकट हुए महाकालेश्वर लिंगम के रूप में समय और मृत्यु के स्वामी के रूप में पूजा का प्रतीक है।

अगर महाकाल मंदिर की बाहरी संरचना की बात की जाए तो उसमें 5 मंजिलें हैं, जिसमें भगवान महाकाल नीचे के तल में विराजमान हैं । फिर ओंकारेश्वर महादेव हैं, उसके बाद अगले स्तर पर एक शिवलिंग हैं क्योंकि कहा जाता है कि कोई भी भगवान महाकाल के मस्तक (सिर) पर पैर नहीं रख सकता। ऊपरी स्तर पर सोमेश्वर महादेव हैं, जहाँ नाग चंद्रेश्वर महादेव विराजते हैं और फिर मंदिर का मुख्य शिखर है। मंदिर की आभा देखते ही मन मोह लेती है। रात्रि के समय जब अलग अलग रंगो की रोशनी में महाकालेश्वर मंदिर रोशन होता है तो इसकी खूबसूरती देखते ही बनती है। उसपर मंदिर में मध्यम स्वर में ध्वनित हो रहे महामृत्युंजय मंत्र और शिव भक्ति संगीत चारों ओर एक भक्तिमय वातावरण बना देते हैं ।

इस भवन को प्राचीन भारतीय वास्तुकला के आधार पर बनाया गया था जो कि विज्ञान व संस्कृति के मिश्रण का शानदार नमूना माना जाता है। मंदिर को इस तरह से बनाया गया है कि जब सूर्य उदय होता है, तो पूर्व दिशा से आने वाली सूर्य की पहली किरण सीधा भगवान महाकाल पर पड़ती है। ऐसा लगता है मानो वो अपने तेज से भगवान महाकाल का अभिषेक कर रही हो। इतना ही नहीं शाम को जब सूर्यास्त होता है तो फिर से सूर्य की किरणें महाकाल के दर्शन के लिए आती हैं और महाकाल को स्पर्श करती हैं, मानो वे रात को रास्ता देने की अनुमति माँग रही हों । लेकिन मंदिर में समय-समय पर हुए निर्माण व बिजली के उपकरणों जैसे एग्जॉस्ट फैन आदि के कारण इस दिव्य चमत्कार में बाधा आ गई है।

उज्जैन को भारत का ग्रीनविच भी कहा जाता है, क्योंकि यह एक ऐसी भौगोलिक स्थिति में स्थित है, जहाँ मध्य रेखा (प्राचीन भारत कि प्रधान

मध्याह्न रेखा) कर्क रेखा से मिलती है। यहाँ के धार्मिक स्थल समय की अवधारणा से गहरा संबंध रखते हैं। यह खगोलीय संरेखण महाकालेश्वर मंदिर के महत्व को और भी उजागर करता है, जो भगवान महाकाल को समर्पित है, जो समय के अधिपति हैं।

ऐसा माना जाता है कि जब उज्जैन अवन्तिका वन था, तब यहाँ बहुत से ऋषि मुनि, पशु व देवी देवता रहा करते थे, तब भगवान महाकाल ने बहुत से श्रापित ऋषि मुनियों को श्राप से मुक्त किया था। महाकाल के मंदिर के बारे में कहा जाता है कि इस मंदिर का महत्व बाकी के समस्त मंदिरों से थोड़ा अधिक ही है।

जब मैं उज्जैन में थी तो मैंने एहसास किया कि अगर कोई नास्तिक भी यहाँ कुछ 2 - 4 दिन के लिए रह जाए तो वो आस्तिक बन जाये। ऐसी इस स्थान की महिमा है और ऐसी महाकाल की शक्ति है। उज्जैन में महाकाल का पवित्र नाम युगों-युगों से गूँजता आ रहा है और हमेशा गूँजता रहेगा, महाकाल मंदिर इतना भव्य है कि यहाँ हमेशा भक्ति की ज्योति जलती है, यह मंदिर आस्था का मंदिर माना जाता है और इसे शांति का स्वर्ग भी कहा जाता है।

किशन पांडे

24 वर्ष , (उज्जैन)

"मुझे पूजा-पाठ और उससे जुड़ी विधियों में खुशी मिलती है क्योंकि इससे मेरे भीतर सकारात्मक ऊर्जा उत्पन्न होती है। मैं हमेशा से इसमें खुश रहा हूँ, इसलिए MCA करने के बावजूद मैंने भगवान् महाकाल की सेवा करने के मार्ग को चुना और महेश गुरुजी का शिष्य बन गया। मेरे लिए भक्ति 'निश्छल' होनी चाहिए, इसमें किसी प्रकार का सौदा नहीं होना चाहिए कि भगवान, अगर आप मेरे लिए यह करेंगे तो मैं 1000 रुपये या 1 किलो लड्डू का भोग चढ़ाऊँगा। इसके बजाय यह होना चाहिए कि हम भगवान से केवल उनका आशीर्वाद माँगें, यदि उनका आशीर्वाद है तो अपने आप सब कुछ अच्छा हो जाएगा। अगर मैं महाकाल के पास आकर कहूँ कि कृपया मुझे यह दे दो, वो दे दो तो एक दिन वे कहेंगे कि तुम रोज़ दर्शन के लिए नहीं, बल्कि कुछ माँगने के लिए आते हो। हमे लालची नहीं होना चाइये। महाकाल का आशीर्वाद ही सब कुछ है।

शिव हमेशा आनंद की स्थिति में रहते हैं और यही हमें उनसे सीखना चाहिए, चाहे जितनी भी कठिनाई हो, भीतर से खुश रहना चाहिए। समय कभी भी स्थिर नहीं रहता। एक मुस्कुराता चेहरा सारी नकारात्मकता को जल्द या देर से दूर कर ही देता है। जब भी मैं महाकाल बाबा को देखता हूँ, मुझे हमेशा खुशी का एहसास होता है और मेरे चेहरे पर एक मुस्कान आ जाती है।"

दिनेश राव
(हाजीपुर, बिहार)

"मैं 2016 से महाकाल के दर्शन करने आ रहा हूँ। जब भी मैं महाकाल के समक्ष होता हूँ, मुझे एक अद्भुत अनुभूति होती है। यह एक अलग ही एहसास है। महाकाल ही सर्वव्यापी हैं और उनके सामने मैं खुद को बहुत छोटा महसूस करता हूँ। महाकाल बाबा की चमक, उनकी शक्ति इस ब्रह्मांड से परे है। वह कुछ भी कर सकते हैं। उनमें आपको बदलने की शक्ति है। वास्तव में बाबा के दर्शन के बाद मैंने अपने अंदर बदलाव महसूस किया है। मैंने महसूस किया कि महाकाल ने मुझे विपरीत स्थितियों में भी शांत रहने की समझ दी। भक्ति का मतलब खुद पर और अपने आराध्य देवता पर विश्वास करना है। भक्ति अपने अंदर से आती है, इसे किसी पर थोपा नहीं जा सकता।"

अध्याय - 6

महाकाल के पुजारी
वंशपरंपरा

आदि शंकराचार्य के समय से ही महाकाल की पूजा वंश परंपरा के रूप में श्री गौड़ जूना ब्राह्मण परिवार में पीढ़ी दर पीढ़ी चली आ रही है। इन परिवारों के पास लगभग 2500 साल पुराने प्राचीन अभिलेख हैं, जिनमें प्रमाण पत्र, ताम्रपत्र, हिंदू और मुगल शासकों द्वारा दिए गए सनद (शाही फरमान) शामिल हैं। इन अभिलेखों के अनुसार सदियों से श्री गौड़ जूना ब्राह्मण परिवारों को ही महाकालेश्वर मंदिर में पूजा, आरती, अनुष्ठान करने की मान्यता दी गई है।

श्री गौड़ जूना ब्राह्मण परिवार दो परिवारों में विभाजित हैं - खूटपाती जूना ब्राह्मण जिनमें महेश पुजारी जी के नेतृत्व में 6 परिवार हैं व जनेऊपाती पुजारी जिसमें पुजारी विजय शंकर जी और पुजारी सुरेंद्र शर्मा जी के नेतृत्व में 10 परिवार शामिल हैं। कुल मिला कर 16 परिवार हैं।

हज़ारों सालों से खूटपाती एवं जनेऊपाती परिवारों को उनके भरण-पोषण के लिए मंदिर में आए सारे चढ़ावे का अधिकार रहा है। कुछ शासकों ने उन्हें उज्जैन के सभी घरों से मामूली कर लेने की भी अनुमति दी हुई थी व महाकाल की अखंड ज्योत के लिए घी व तेल लेने की भी। जैसा कि प्रमाण पत्र एवं सनदों से पता चलता है, इन वंश पुजारियों को महाकाल की पूजा

अर्चना करने, भक्तों से भेंट स्वीकार करके महाकाल पर चढ़ाने व आशीर्वाद देने का अधिकार है। इन तीनों परिवारों के एक-एक पुजारी के लिए तीन गादि व तीन पाठ हुआ करते थे जहाँ वे प्रातः मंदिर में प्रवेश करने के बाद बैठते थे व पूजा करते थे। ये रीति अभी भी जारी है।

1971 से सरकार के नियंत्रण में आने के बाद से महाकालेश्वर मंदिर में कई सारे परिवर्तन हुए। वर्तमान में वंश पुजारियों को मंदिर में एकत्र हुए कुल चढ़ावे का 35% हिस्सा (गर्भ गृह और नंदी मंडपम का चढ़ावा) ही मिलता है। वंश पुजारी के अतिरिक्त निर्वाणी अखाड़े के एक पुजारी प्रतिदिन 5 मिनट के लिए महाकाल बाबा का भस्म स्नान कराने आते हैं जिसके लिए उन्हें आवास व भोजन दिया जाता है। पुजारियों की एक अन्य श्रेणी भी थी जिन्हें राजाओं द्वारा उनके व्यक्तिगत ब्राह्मण के रूप में नियुक्त किया जाता था, जो राजा की ओर से भगवान महाकाल की पूजा करते थे। इसके लिए राजा उन्हें नेमनुख, औकाफ या खैरात दिया करते थे।

समय के साथ इस परंपरा में भी बदलाव आया। राजघराने समाप्त होने के बाद अब यह व्यक्तिगत ब्राह्मण मध्य प्रदेश सरकार द्वारा नियुक्त होते हैं। सरकार द्वारा नियुक्त यह पुजारी महाकाल भगवान की एक पूजा व तीन आरती करते हैं (भस्म आरती व शयन आरती का अधिकार सिर्फ वंश पुजारियों के पास ही है)। सरकार द्वारा नियुक्त यह पुजारी शिवरात्रि, महाकाल की शाही सवारी आदि अवसरों पर भी पूजा करते हैं पर महाकाल के रोज़ के पूर्ण श्रृंगार व किसी भी अनुष्ठान या खास उत्सव में भी महाकाल के श्रृंगार का एकाधिकार सिर्फ खूटपाती व जनेऊपाती पुजारियों का ही है। यहाँ तक कि महाकाल के आभूषणों का कक्ष भी इन्हीं वंश पुजारियों की मौजूदगी में खोला जाता है। सुबह से रात तक बाबा महाकाल से संबंधित अधिकांश अनुष्ठान वंश पुजारियों द्वारा ही किए जाते हैं। सरकार द्वारा नियुक्त पुजारियों को महाकाल की सेवा के लिए सरकार से वेतन मिलता है।

यह परंपरा महाकालेश्वर मंदिर के पुजारियों की विकसित संरचना पर प्रकाश डालती है जो ऐतिहासिक व समकालीन दोनों ही है। जितनी बार भी मैं महाकाल मंदिर गई मैंने पाया कि सारे पुजारीजन पूरी भक्ति के साथ

भगवान महाकाल की सेवा में दिन भर लगे रहते हैं एवं पूरी श्रद्धा व विश्वास के साथ महाकाल की पूजा करते हैं, मानो उन्होंने अपना पूरा अस्तित्व भगवान महाकाल को समर्पित कर दिया हो।

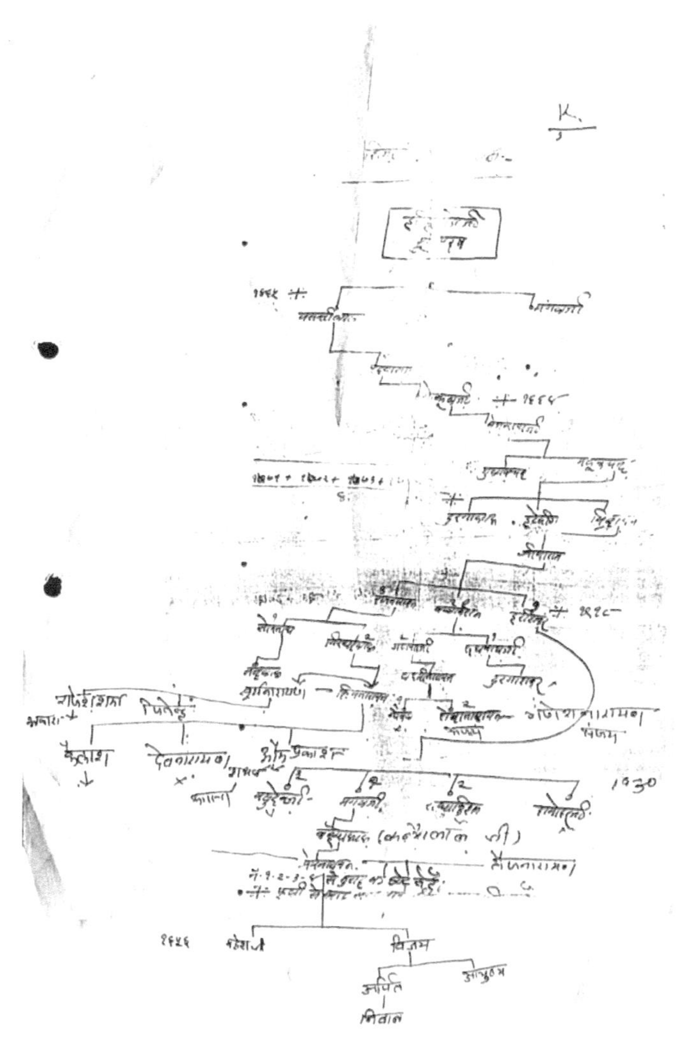

श्री गौड़ जूना खूंटपाती ब्राह्मणों की मूल वंशावली की प्रतिलिपि

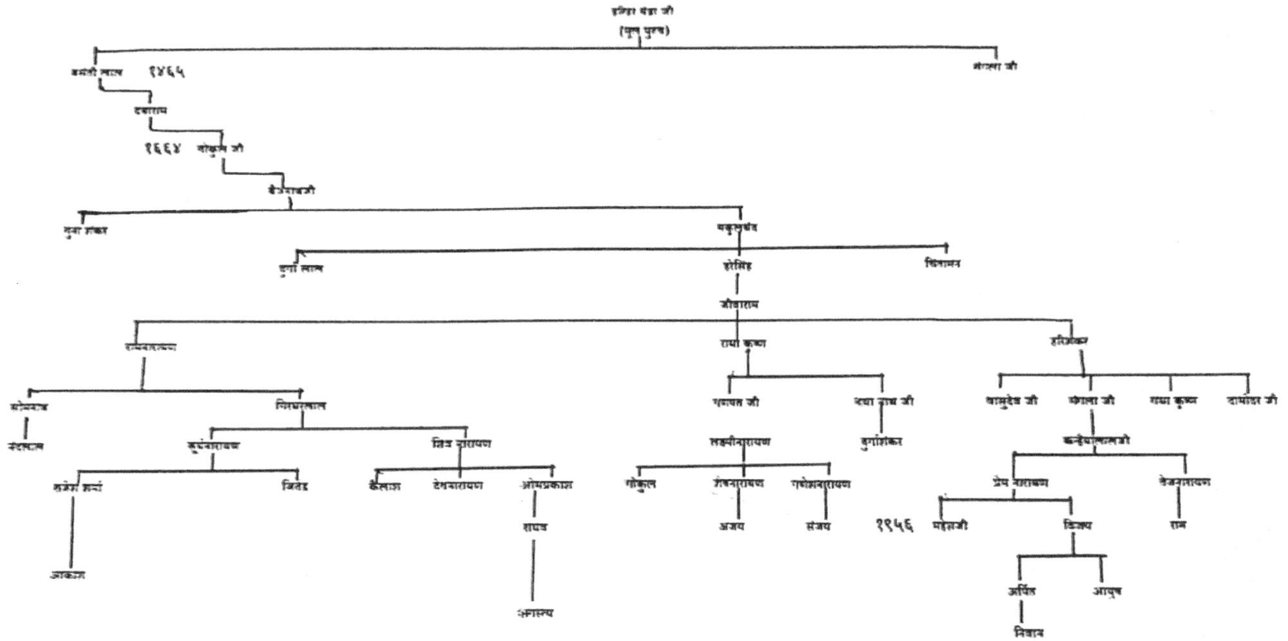
इन्दिरा बंशी जी
(मूल पुरुष)
बलबीर लाल   १४६५
मंगला जी
हरराम
१६६४   गोकुल जी
बैजनाथजी
गुणा शंकर
यकुलप्रसाद
दुर्गा लाल
हरिसिंह
चिरामन
श्रीराम
रन्धीरलाल
राधा कृष्ण
हरिशंकर
संतलाल
गिरधरलाल
रंगलाल
कृष्णनारायण
सिद्ध नारायण
कमलेश शर्मा
जितेन्द्र
कैलाश
टेकनारायण
ओमप्रकाश
आकाश
शायद
अगस्त्य
गणपत जी
दया नाथ जी
लक्ष्मीनारायण
दुर्गाशंकर
गोकुल
रेखनारायण
गणेशनारायण
अजय
संजय
वासुदेव जी
केशला जी
राधा कृष्ण
दामोदर जी
कन्हैयालाल जी
प्रेम नारायण
तेजनारायण
१९५६   मोहनजी
विजय
राम
अर्पित
आयुष
निवान

८...हिजरी सन् १०६१ की एक घटना है। महाकालेश्वर के तत्कालीन पुजारी ब्राह्मण ने अनेक शासकों की सनदों, प्रमाण-पत्रों के साथ तत्कालीन सम्राट् आलमगीर के निकट निवेदन किया कि महाकालेश्वर मन्दिर में नंदादीपक जलाने के लिये पिछले शासकों की आज्ञानुसार व्यय प्राप्त होता रहा है। इसलिये उन सम्राटों के आज्ञापत्रों के अनुसार ही आपके शासन से भी उस परम्परा का पोषण-समर्थन किया जाना चाहिये। इस निवेदन पर सम्राट् 'वाकयानबीस' हकीम मुहम्मद मेंहदी ने ब्राह्मणों के निकट की सनदों की जाँच-पड़ताल की और सही पाकर उस समय की तस्दीक करदी। सम्राट् आलमगीर ने अपने अधिकारी के समर्थन पर ४ सेर घी रोजाना नन्दादीप (महाकालेश्वर मंदिर में) जलाने के लिए स्वीकृत किया। यह सनद मुस्लिम सम्राट् की परधर्मसहिष्णुता का एक आदर्श उदाहरण है। इस सनद का मूल पाठ इस प्रकार है :—

शराबख़ते सदारत बय अलीपनाह

फजीलत व हिकुकत दस्तगाह आंके

दाख़िले बाके अनुमायन्द

×   ×   ×

चार आसार बनें अकबरी योमिया

तहरीर १७ माह फरवरी इसाही सन् ७ मुआफिक तारीख ४ शब्बान।

उक्त सनदों के अनुसार ही एक और सनद बादशाह गोरीशाह की है। यह पुजारी श्रीगोपु जूने बसन्तलाख ब्राह्मशुक्ल उपाध्या कोटितीर्थ पर रहनेवाले को महाकालेश्वर के दर्शन कराने पर पुश्त दर पुश्त के अनुसार महाकालेश्वर की भेंट लेने, और हर घर से एक रुपया लेते रहने के लिये दी गई है। यह सनद भी उज्जैन में लिखी गई है और इसके लेखक वजीर अलीमुहम्मद हैं और मुन्शी अमीरखां फागुन वद १४ संवत् १४६५ हैं, जिसके नीचे हिन्दी में वजीर रामचरण के भी हस्ताक्षर हैं। (यह सनद बसंतलाख ब्राह्मण के वंशज श्री लक्ष्मी-नारायणजी पुजारी शनीमहाराज मन्दिरवालों के पास मौजूद है।)

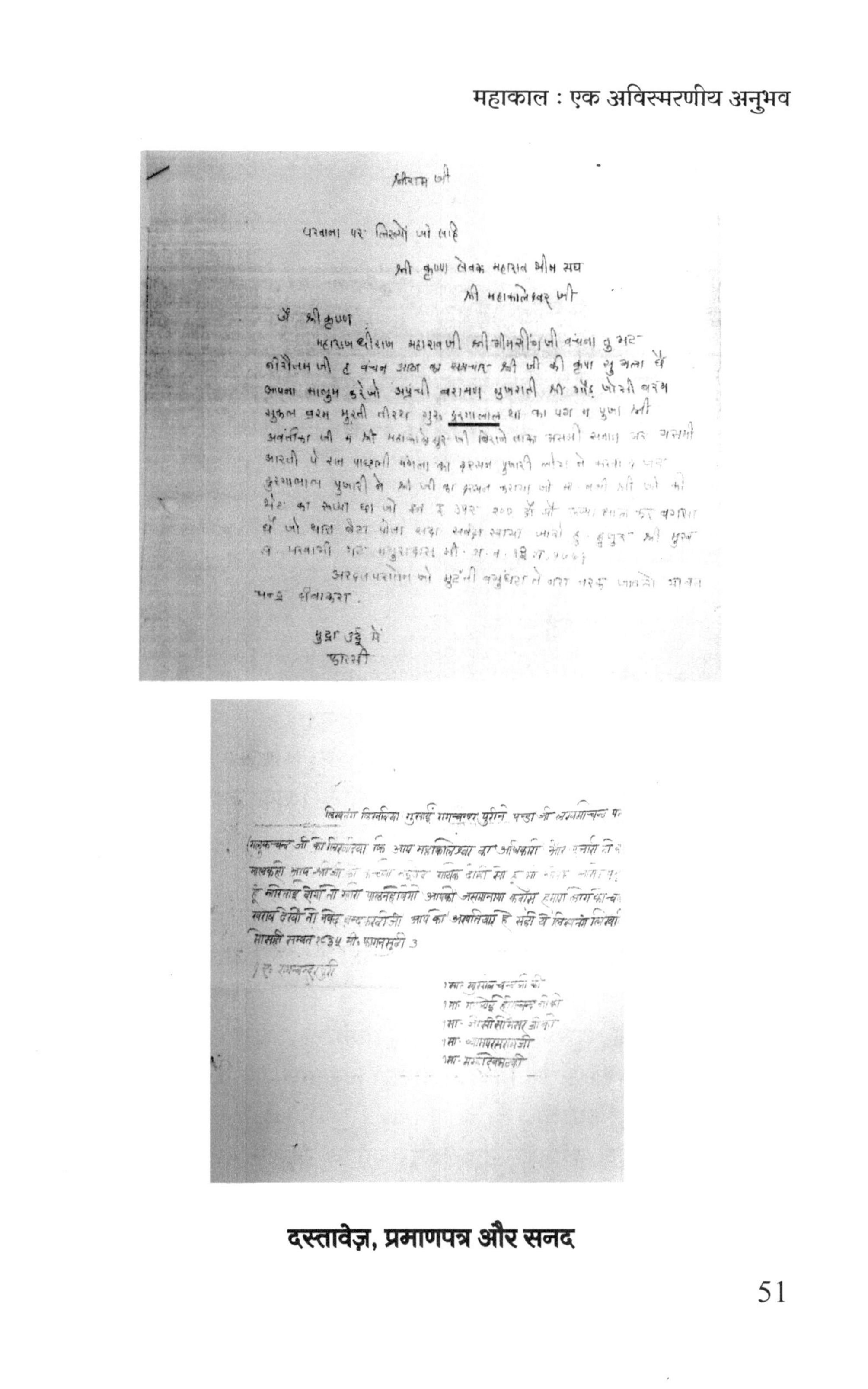

दस्तावेज़, प्रमाणपत्र और सनद

अध्याय - 7

महाकाल की पूजा की विधियाँ और परम्पराएं

महेश पुजारी जी से बातचीत :

महाकाल की पूजा प्रतिदिन सुबह 4 बजे से रात 11 बजे तक होती है, जिसमें उत्थान या जागरण (जागृत करना) और शयन (आराम) जैसे अनुष्ठानों का समावेश होता है। इन अनुष्ठानों में अलग-अलग पूजाएँ शामिल होती हैं जिन्हें मंत्रों के साथ संपन्न किया जाता है, जो भक्तों के लिए अत्यधिक महत्वपूर्ण होते हैं भगवान महाकाल की दिव्य कृपा प्राप्त करने के लिए।

प्रत्येक सुबह आरंभ होती है 4 बजे, दो घंटे की प्रतिष्ठित भस्म आरती या मंगला आरती के साथ, जो भक्तों के लिए अत्यंत शुभ दर्शन का क्षण होता है।

सुबह 7 बजे, दूसरी आरती "कर्पूर गौरम करुणावतारम..." के साथ बाल भोग का अर्पण होता है जिसमें भगवान महाकाल को चावल और दही अर्पित किए जाते हैं।

सुबह 10 बजे की आरती "कर्पूर गौरम करुणावतारम..." होती है और भगवान महाकाल को एक संपूर्ण भोजन अर्पित किया जाता है जिसमें चावल, दाल, सब्जियाँ, घी, दही और रोटी शामिल होते हैं। इस

समय महाकाल अपने निराकार रूप में होते हैं, बिना किसी आभूषण श्रृंगार या किसी निश्चित स्वरूप के।

शाम 5 बजे पंचामृत पूजन के साथ 5 मंत्रों के उच्चारण के बाद जलाभिषेक रुक जाता है, जो महाकाल के निराकार रूप से साकार रूप में परिवर्तन का संकेत होता है। इसके बाद महाकाल को चंदन, भांग, मेवा, वस्त्र, आभूषण आदि से सुसज्जित (श्रृंगारित) किया जाता है और भक्तों के दर्शन के लिए रात 11 बजे तक यह रूप बना रहता है।

शाम 7 बजे "जय मंगल मूर्ति शिव मंगल मूर्ति..." आरती होती है जिसके दौरान महाकाल को गाय का दूध अर्पित किया जाता है।

दिन का समापन शयन आरती "ॐ जय शिव ओंकारा..." से रात 10:30 बजे होता है, जहाँ बाबा महाकाल को रात का सम्पूर्ण भोजन अर्पित किया जाता है और फिर वे विश्राम करते हैं।

गर्भगृह में दो अखंड ज्योति निरंतर जलती रहती है जिनको "नंदा दीपक" के नाम से जाना जाता है। (चाँदी के दीपकों में 11 रूई की बत्तियाँ पवित्र अग्नि के साथ निरंतर प्रज्ज्वलित रहती हैं) इनमें से एक घी के साथ भगवान शिव को समर्पित है, जबकि दूसरी सरसों के तेल के साथ माँ पार्वती यानि शक्ति को समर्पित है। पहले घी और तेल की व्यवस्था पुजारियों, राजाओं या भक्तों द्वारा की जाती थी, लेकिन वर्तमान में इसका ध्यान महाकालेश्वर मंदिर समिति द्वारा भी रखा जाता है।

सम्पूर्ण श्रद्धा व भावना के साथ इन पूजा और आरतियों को संपन्न किया जाता है, जिसमें मंत्रोच्चारण और ढोल-नगाड़ों की गूंज भक्तों को एक गहन और परिवर्तनकारी आध्यात्मिक अनुभव प्रदान करती है, विशेषकर महाकाल के श्रृंगारित साकार रूपों के दौरान, जो हर बार अलग-अलग होते हैं और इस दिव्य दृश्य को और भी अनूठा बना देते हैं।

इनमें से किसी एक या सभी में सम्मिलित होना एक अद्भुत और अविश्वसनीय अनुभव है।

महाकाल शिवलिंग

महेश पुजारी जी के अनुसार, "सभी लिंग आत्मा के प्रतीक हैं, जो शिव के सार को ज्योति (प्रकाश) के रूप में दर्शाते हैं। शिव ज्योतिर्लिंग दिव्य प्रकाश के रूप में स्वतः प्रकट होता है और फिर समय के साथ पत्थर या बर्फ (जैसे अमरनाथ शिवलिंग) के रूप में ठोस रूप धारण कर लेता है।"

मान्यताओं के अनुसार, महाकाल शिवलिंग पृथ्वी की उत्पत्ति के साथ ही प्रकट हुआ था और इसे दुनिया का प्रथम शिवलिंग माना जाता है, जो पहले ज्योति के रूप में प्रकट हुआ और फिर ठोस रूप में परिवर्तित हो गया।

पुजारी आकाश शर्मा
महाकालेश्वर मंदिर (उज्जैन)

"मैं महसूस करता हूँ कि भक्ति ही हमें शांति देती है और सबसे महत्वपूर्ण सीख जो हम शिव से ले सकते हैं, वह यह है कि हमें सबको साथ लेकर चलना चाहिए, जैसे कि शिव के पास वासुकी नाग और नंदी बैल दोनों हैं, जो कि आपस में दुश्मन हैं लेकिन वे उन्हें साथ रखते हैं। उसी प्रकार आज के समय में हमें भी अपने रिश्तों को सौहार्दपूर्ण ढंग से बनाए रखना चाहिए और ध्यान एक ऐसी चीज़ है जिसे सभी उम्र के लोग आदियोगी शिव से सीख सकते हैं।"

जी मिश्रा
रियल स्टेट व्यवसाय

"जब मैं बच्चा था, तब मैंने महाकाल के बारे में पढ़ा था। शायद इसलिए कि हमारे परिवार में भगवान शिव की पूजा की जाती है। तो बचपन से ही हम शिव की भक्ति में लगे रहे। जब मैं दिल्ली आया, तब मुझे ज्योतिर्लिंगों के बारे में पता चला। 2008 में मैंने महाकाल के दर्शन किए। मैं वहाँ एक भक्त के रूप में गया था, मेरा उद्देश्य बाबा के दर्शन करना और उनका आशीर्वाद प्राप्त करना था। जब मैं वहाँ गया तो एक मित्र मेरे साथ था। उसके साथ मेरा अनुभव ऐसा था कि उसे कुछ नकारात्मक ऊर्जा का अनुभव होता था। भस्म आरती के दौरान, वह बहुत जोर-जोर से रोने लगा। मैंने उसका हाथ पकड़ा और जब आरती समाप्त हो गई तो वह पूरी तरह से शांत और स्थिर था। यह पहली बार था जब हम गए थे और तब से उसे कभी कोई नकारात्मक ऊर्जा महसूस नहीं हुई। उसने महाकाल के दो या तीन बार दर्शन किए हैं। यह भस्म आरती और महाकाल की शक्ति है कि जब आप बाबा के सामने होते हैं तो आपके रोंगटे खड़े हो जाते हैं। आपके मन में आने वाले सभी नकारात्मक विचार और प्रक्रियाएँ भस्म आरती के साथ भस्म हो जाती है, जैसे आपने खुद एक पवित्र स्नान कर लिया हो। वहाँ एक अद्भुत ऊर्जा है जिसे आप महसूस कर सकते हैं। यह कुछ ऐसा है जिसे शब्दों में व्यक्त नहीं किया जा सकता। आप इसे तभी महसूस कर सकते हैं जब आप महाकाल के समक्ष हों। मुझे लगता है कि शिव हमें एक साधारण जीवन जीने, ऊँचे विचार रखने और सभी की मदद करने की शिक्षा देते हैं। शिव के पास सब कुछ है, वह महादेव हैं, देवों के देव और वह सभी को देते हैं देवताओं को, मनुष्यों को, और यहाँ तक की प्रकृति को भी। प्रकृति ही शिव है और शिव ही प्रकृति हैं।"

अध्याय - 8

महाकाल की भस्म आरती

यकीन मानिए महाकाल की दो घंटे की भस्म आरती में सम्मिलित होना आपको पूर्ण रूप से बदलने की शक्ति रखता है। यहाँ तक कि यह आपके पूरे डीएनए को जैविक न सही पर आध्यात्मिक रूप से बदल देता है। अगर आपको कभी इस दिव्य अनुष्ठान में सम्मिलित होने का मौका मिले तो आप अपने आप को भाग्यशाली ही मानिए क्योंकि हर किसी को ये मौका नहीं मिलता। यह एक ऐसी जागरूकता है जो आपके पूरे अस्तित्व को फिर से परिभाषित कर सकती है मैं व्यक्तिगत अनुभव से बोल रही हूँ कि मुझे दो बार भस्म आरती में शामिल होने का आशीर्वाद मिला है, जिसमें एक बार मैंने नंदी मंडपम में ठीक महाकाल के सामने बैठकर अनुभव किया था।

आपके साथ अपने अनुभव को साझा करने से पहले, मैं स्वयं महेश पुजारी जी द्वारा संक्षिप्त रूप से दी गई जानकारी के साथ इस आरती का वर्णन करना चाहूँगी।

ब्रह्म मुहूर्त भस्म आरती या मंगल आरती सिर्फ एक अनुष्ठान नहीं है, यह एक आश्चर्यचकित कर देने वाला दृश्य है जो आपको गहन भक्ति और आध्यात्मिकता में डुबो देता है।

भस्म आरती की परंपरा बहुत पुरानी है, सदियों से भगवान शिव को

भस्म लगाने की यह परंपरा चली आ रही है, जो कई पौराणिक कथाओं से जुड़ी हुई है। ऐसा कहा जाता है कि जब माता सती के पिता ने भगवान शिव का अपमान किया, तो सती क्रोधित होकर यज्ञ वेदी में प्रवेश कर गईं। भगवान शिव शोक में डूब गए और सती के शरीर को लेकर तीनों लोकों में घूमने लगे जिससे भारी तबाही मच गई। भगवान शिव को शांत करने के लिए भगवान विष्णु ने अपने सुदर्शन चक्र का प्रयोग कर सती के शरीर के कई टुकड़े कर दिए, जिनमें से 51 खंड भारत में मौजूद हैं। सती के इन अवशेषों को शक्ति पीठ के रूप में जाना और पूजा जाता है, केवल सती का भस्म ही शिव के साथ रह गया। अपने दुख में, भगवान शिव ने उस भस्म को अपने शरीर पर लगा लिया, जो सती से कभी अलग न होने का प्रतीक था। आज भी यह परंपरा जारी है, जहाँ भगवान महाकाल को भस्म से पूजित किया जाता है (परन्तु एक अलग रूप में)।

केवल महाकाल को ही भस्म से अलंकृत किया जाता है, अन्य कोई ज्योतिर्लिंग या शिव का रूप भस्म से नहीं सजाया जाता। मंगला आरती, जिसे आमतौर पर भस्म आरती के नाम से जाना जाता है, सुबह 4 बजे के करीब शुरू होती है। इसमें सबसे पहले वीरभद्र, जो भगवान शिव का एक उग्र रूप है, का आह्वान किया जाता है और एक घंटी बजायी जाती है, जिसके बाद चाँदी का द्वार खोला जाता है। पुजारी और सेवक इस द्वार से अंदर जाकर गर्भगृह की सफाई करते हैं और पूरे परिसर को शुद्ध करके पुजारी कपूर आरती करते हैं। ठीक 4 बजे एक और घंटी बजने के साथ, भक्तों, जो आधी रात से धैर्यपूर्वक कतार में इंतज़ार कर रहे होते हैं (बिना मोबाइल फोन के), को नंदी मंडपम, गणपति मंडपम और कार्तिकेय मंडपम से प्रवेश कराया जाता है। पिछले कुछ वर्षों से गर्भगृह में आम जनता का प्रवेश बंद कर दिया गया है क्योंकि भीड़ बहुत अधिक होने लगी है।

महाकाल के भक्तों की श्रद्धा का फल तब मिलता है जब वे अपने आराध्य देव, महाकाल के प्रथम दर्शन करते हैं। गर्भ गृह में अनुष्ठान जलाभिषेक के साथ प्रारम्भ होते हैं, जहाँ कोटितीर्थ (जो अखंड भारत की सभी पवित्र नदियों के जल से भरा हुआ है) से जल लाकर महाकाल को स्नान कराया जाता

है। मान्यता है कि पौराणिक काल में भगवान हनुमान जी भगवान राम के राज्याभिषेक के लिए अखंड भारत की सभी पवित्र नदियों का जल लेकर जा रहे थे। यहाँ रुककर उन्होंने महाकाल के दर्शन किए, उनका घड़ा पूरा भर गया था और उसमें इस पवित्र कुंड के जल के लिए जगह नहीं बची थी तभी एक आकाशवाणी हुई। हनुमान जी ने जल से भरे हुए घड़े को इस कुंड में खाली कर दिया। सब नदियों का जल इस कोटि कुण्ड के पवित्र जल में मिल गया और फिर हनुमान जी ने उस कुंड के मिश्रित पवित्र जल से घड़ा भरा। तभी से यह कुंड 'कोटितीर्थ' कहलाया। यहाँ कोटितीर्थ के पास भगवान हनुमान का सूर्यमुखी मंदिर है जहाँ हनुमान जी जल के घड़े के साथ विराजमान हैं। महेश गुरुजी के अनुसार, यह माना जाता है कि कोटितीर्थ के नीचे दो और कुंड स्थित हैं, जिन्हें 'कुंड' और 'कुंडिया' कहा जाता है। कहते हैं कि बड़े कुंड में भगवान भोलेनाथ स्नान करते थे और कुंडिया के जल से माता पार्वती स्नान करती थीं। इसीलिए कोटि कुंड को अत्यंत पवित्र माना जाता है।

इस दौरान, मंत्रों की गूंज से वातावरण आध्यात्मिक हो जाता है। महाकाल के पीछे माता पार्वती को सुहागिन स्त्री के 16 श्रृंगार से सजाया जाता है, रंगीन वस्त्र और सुगंधित फूलों की मालाएँ पहनाई जाती हैं। साथ ही गर्भगृह के अंदर महाकाल के दोनों ओर भगवान गणेश और भगवान कार्तिकेय भी सजाए और पूजे जाते हैं। नंदी को सुंदर वस्त्र पहनाए जाते हैं और उनके समीप एक दीपक प्रज्वलित किया जाता है, जो गण पूजा का सम्मान करता है।

जलाभिषेक के बाद, महाकाल को दूध, दही, शक्कर, शहद, घी (जिसे पंचामृत पूजन कहते हैं) से स्नान कराया जाता है। इसके बाद भगवान् को कपड़े से साफ़ किया जाता है। इस दौरान महाकाल का पुनः कोटितीर्थ के जल से अभिषेक होता है फिर इसके बाद 16 मंत्रों के जाप के साथ महाकाल का केसर, इत्र, भाँग, अबीर, गुलाल, अक्षत, हार, फूल और वस्त्र से उनका श्रृंगार किया जाता है। आश्चर्य की बात यह है कि पुजारियों के अनुसार, महाकाल के श्रृंगार के लिए कुछ भी पहले से तय नहीं होता, वे बस शुरू

करते हैं और जैसे महाकाल स्वयं उन्हें निर्देशित करते हैं कि उन्हें किस रूप में सजना है।

इस अनुष्ठान में उपयोग की जाने वाली भस्म का गहरा महत्व है। महेश पुजारी जी के अनुसार यह सामान्य श्मशान की राख नहीं होती है क्योंकि "किसी भी मानव अवशेष को शिव को अर्पित करने के लिए पर्याप्त पवित्र नहीं माना जाता है। केवल देवी सती की राख, जिन्होंने कठोर तपस्या करके शिव को प्राप्त किया था शिव के योग्य थी।" महाकाल के भस्म स्नान के लिए उपयोग की जाने वाली भस्म को कपिला गाय के कंडो से तैयार किया जाता है और इसमें शमी, पलाश, बेर, पीपल और बरगद के पेड़ों से प्राप्त पवित्र घटकों के साथ मिलाया जाता है। पहले उसे सुखाया जाता है, फिर छाना जाता है और फिर एक सफेद कपड़े की पोटली में बांधा जाता है। यह पूरी तैयारी मंदिर परिसर के एक विशेष कक्ष में होती है, जो इस पवित्र उद्देश्य के लिए समर्पित है।

महा निर्वाणी अख़ाड़े के एक संत भस्म स्नान अनुष्ठान को केवल पाँच मिनट के लिए श्रद्धा पूर्वक करते हैं और फिर गर्भ गृह से चले जाते हैं, जिससे इस रस्म की पवित्रता बनी रहती है। महाकाल के भस्म स्नान के दौरान महिला भक्त अपनी आँख़ों को सम्मानपूर्वक ढक लेती है। यह अनुष्ठान महाकाल के निराकार स्वरूप को शुद्धता और भक्ति का प्रतीक बनाता है। भस्म स्नान के दिव्य अनुष्ठान के दौरान, महाकाल को पहले एक सफेद कपड़े से ढका जाता है, जो पवित्रता और श्रद्धा का प्रतीक है, ताकि उनके श्रृंगारित रूप को कोई नुकसान न पहुंचे और फिर उन्हें भस्म से स्नान कराया जाता है । इसके बाद इस कपड़े को हटा कर महाकाल को भस्म स्नान कराया जाता है, जो देवता और पवित्र भस्म के बीच सीधे संचार का प्रतीक है। कपड़े का हटाया जाना इस अनुष्ठान के दौरान एक गहरे आध्यात्मिक संबंध में परिवर्तन का संकेत देता है।

महाकाल का भस्म स्नान भले ही संक्षिप्त हो लेकिन यह गहराई से प्रतिध्वनित होता है और इसके पवित्र क्षणों को देखने वाले सभी लोगों के भीतर परिवर्तन और श्रद्धा की भावना को जागृत करता है।

भस्म स्नान के बाद, महाकाल को आभूषणों, मालाओं आदि से अलंकृत किया जाता है। नैवेद्य (पवित्र भोजन) को सुबह के प्रसाद के रूप में भगवान महाकाल के समक्ष रखा जाता है। फिर महाकाल की धूप, दीप और नैवेद्य से पूजा की जाती है। भक्तों द्वारा लायी गयी भेंट जैसे कि पैसे, कपड़े और विभिन्न वस्तुओं जैसे सूखे मेवे, लड्डू, फल, मुकुट, आभूषण से भी बाबा महाकाल का श्रृंगार किया जाता है। इन भेंटों को मंत्रों और श्लोकों के मधुर उच्चारण के बीच अर्पित किया जाता है, जो वहाँ एकत्रित भक्तों पर दिव्य आशीर्वाद की प्रार्थना करता है।

भेंट अर्पित करने के बाद, आरती "जय मंगल मूर्ति शिव मंगल मूर्ति..." गाई जाती है। फिर मंत्र पुष्पांजलि के साथ क्षमा याचना (पवित्र अनुष्ठानों को करने में किसी भी त्रुटि के लिए भगवान महाकाल से क्षमा मांगना) की जाती है। ढोल, नगाड़ों, मंजीरे और घंटियों की ताल वातावरण में गूंज उठती है और "हर हर महादेव" और "जय महाकाल" के भक्तिमय नारे भक्तों की ओर से जोर से प्रतिध्वनित होते हैं। वातावरण भक्ति और आध्यात्मिक उत्साह से भर जाता है। आरती के दौरान जब कुछ मिनटों के लिए रोशनी बंद कर दी जाती है, तो वह क्षण आता है जब केवल महाकाल का दिव्य रूप आरती की लौ से प्रकाशित होता है। इसके बाद संकल्प लिया जाता है कि दिन की पहली पूजा संपन्न हो गई है।

भस्म आरती के पूर्ण समापन पर, पुजारी नंदी को समर्पित एक मंत्र का उच्चारण करते हैं, जो भगवान शिव के परम भक्त और उनके अन्य गणों की भक्ति और सेवा का सम्मान करता है।

"वान रावण चंडी नंदी भिरंगी जटाधारी
सदा शिव प्रसादेन सर्वे गंधंतुशम्भवा" ॥

महादेव की आराधना में आरती, घंटी, झांझ, डमरू, नंदी आदि का नाम लिया जाता है क्योंकि शिव की आराधना उनके गणों के बिना अधूरी मानी जाती है। भगवान शिव अपने गणों से अत्यंत प्रेम करते हैं इसलिए उनकी पूजा में इनका महत्व होता है।

जहाँ तक मेरी बात है तो भस्म आरती के दौरान कुछ पलों के लिए जब बत्तियाँ बंद हुईं, उस समय मेरे हृदय में एक गहन परिवर्तन हुआ। भावनाएँ उमड़ पड़ीं, पूरे शरीर में कंपन होने लगा, आँखों से आँसू बहने लगे और आत्मा एक आनंदमय अनुभूति से भर उठी। उस अलौकिक क्षण में, भक्त और भगवान के बीच की सीमा विलीन हो गई और केवल यह शुद्ध अनुभूति बची कि इस संसार में कुछ नहीं है, केवल महाकाल ही हैं। ऐसा लगा जैसे महाकाल वास्तव में मुझे देख रहे थे, मानो वो मेरे सामने ही हों। मैं एकदम स्थिर हो गई, न तो किसी को देख सकी और न ही कुछ सोच सकी, जैसे मेरी दृष्टि महाकाल के दर्शन में अटक गई हो ऐसा लगा जैसे स्वयं महाकाल ने एक विराट रूप ले लिया हो ठीक वैसा जैसा महाभारत धारावाहिक में दिखाया गया था, जब कृष्ण ने अर्जुन के सामने अपना विराट रूप धारण किया और गीता का उपदेश दिया। कुछ वैसा ही मैंने भी महसूस किया। मेरी आँखें पूरी तरह से खुली थी। मुझे सिर्फ और सिर्फ महाकाल का दिव्य रूप ही दिखाई दे रहा था उस आरती के प्रकाश में और कुछ भी नहीं। मैं उस समय मानो हर क्षण को अपने भीतर समाहित कर लेना चाहती थी और मुझे महाकाल के साथ एक गहरी आत्मीयता का अनुभव हुआ। यह एक ऐसी अनुभूति थी जो शब्दों से परे है, जहाँ मैंने परम आनंद को महसूस किया और समझा। मैं अपनी पहचान की सीमाओं से परे हो गई और उस अनुभव में पूरी तरह डूब गई। जो भावनाएँ उत्पन्न हुई, वे मेरी आत्मा में एक गहन आनंद की अनुभूति पैदा कर रही थी जिन्होंने मुझे शुद्ध चेतना से भर दिया।

उन क्षणों में एक सूक्ष्म लेकिन उज्ज्वल जागरूकता में मैंने शांति और समझ का गहन अनुभव किया, जो मेरे हृदय से बातें कर रही थी और मेरी आत्मा में रहस्यों को बता रही थी, जिससे मैं भावविभोर हो गई। यह भक्ति और दिव्य संगति की यात्रा, न केवल मुझ पर बल्कि भस्म आरती में भाग लेने वाले सभी भाग्यशाली लोगों पर एक गहरी छाप छोड़ गई, जो उन्हें महाकाल की उपस्थिति के परम सत्य और आनंद के करीब ले जाती है।

यहाँ कुछ भी नहीं है... केवल महाकाल हैं... हम कुछ नहीं हैं, शून्य हैं...

आपको परम आनंद की अनुभूति महसूस करने के लिए इसका हिस्सा बनना होगा......

|। ॐ नमः शिवाय ।।   ।। जय महाकाल।।   ।। ॐ नमः शिवाय ।।

।। महाकालेश्वर भगवान की आरती ।।

ॐ जय मंगलमूर्ति, शिव मंगलमूर्ति,

दर्शनमात्रेमन स्मरण मात्रेमन, कामनापूर्ति, ॐ जयदेव जयदेव ।।

अहो सुखकर्ता, दुखहर्ता, वार्ता विघ्नाची, अहो वार्ता विघ्नाची,

नुरवी पुरवी प्रेम, नुरवी पुरवी प्रेम, कृपा जयांची (दिवाची)

अहो सर्वांगी सुन्दर, उटी शेंदुराची अहो मध्ये नवराशी,

कंठी झलके माल, कंठी शोभे मुक्तन, मुक्ता फलांची । ॐ जयदेव जयदेव ।।

जय मंगलमूर्ति अहो शिव मंगलमूर्ति, दर्शनमांत्रेमन,

स्मरण मात्रेमन, कामनमूर्ति ॐ जयदेव जयदेव,

अहो रत्न खर्चित फरा, तुंज गौरी कुमारा, अहो तुज गौरी कुमारा,

चन्दनाची उटी सिंदूराची उटी कुंकुम केशरा ।

अहो हीरे जडित मुगुट शौभेतो बरा, अहो शौभेतो बरा

रूण झुणती नुपुरे रूण झुणती नुपुरे चरणो थांगरिया ॐ जयदेव जयदेव ।।

जय मंगलमूर्ति, अहो शिव मंगलमूर्ति दर्शन मात्रेमन,

स्मरण मात्रेमन, कामना पुरती ॐ जयदेव जयदेव ।। 2 ।।

अहो लम्बोदर पीताम्बर फणीवर वंदना अहो फणिवर वंदना

सरल सोइ वक्र तुंड त्रिनयना, अहो वक्र, तुंड त्रिनयना

अहो दास रामचा, वाट पाहे सदना, अहो वाट पाहे सदना,

संकष्टी पावावै, निर्वाणी रक्षावें, सुरवर गजवंदना । ॐ जयदेव जयदेव

जय मंगलमूर्ति अहो शिव मंगलमूर्ति दर्शन मात्रेमन

जय मंगलमूर्ति, अहो शिव मंगलमूर्ति दर्शन मात्रेमन,

स्मरण मात्रेमन, कामना पुरती ॐ जयदेव जयदेव ।। 3 ।।

अहो लबथवती विक्राल ब्रह्माण्डी माला अहो ब्रह्माण्डी माला

विषे कण्ठे काला, विषे कण्डे काला त्रिनेत्री ज्वाला,

अहो लावण्ये सुन्दर मस्तकी भाला अहो मस्तकी भाला तेथुनियाजल निर्मल

तेथुनियाजल निर्मल बाहे झुलझुला ॐ जयदेव जयदेव ।

जय शिवशंकरा, अहो स्वामी शंकरा, आरतीं औवालूं,

भावार्थी औवालूं, तुज कर्पूर गौरा ॐ जयदेव जयदेव ।।4।।

अहो व्याघ्राम्बर फणिवर, सुन्दर मदनारी, अहो सुन्दर मदनारी

पचानन मनमोहन, पचानन मनमोहन, मुनिजन सुखकारी

अहो शतकोटिचे बीज, वाचे उच्चारी, अहो वाचे उच्चारी रघुकुल तिलकराम

रघुकुल तिलकराम दासा अन्तरी । ॐ जयदेव जयदेव ।।

ॐ जय शिवशंकरा, अहो स्वामी शंकरा, आरतीं औवालूं,

भावार्थी औवालूं, तुज कर्पूर गौरा ॐ जयदेव जयदेव ।।4।।

जय मंगल मूर्ति शिव मंगल मूर्ति आरती

विनीत सिंह

उम्र 53 वर्ष (मुंबई)

"मैं एक उच्च शक्ति में दृढ़ विश्वास रखता हूँ जो ब्रह्मांड और मानवता के स्थान को संचालित करती है।

मेरे लिए भक्ति का अर्थ समर्पण है। यह आपको नियंत्रण के बोझ से मुक्त करती है और व्यक्तिगत विकास पर ध्यान केंद्रित करने का अवसर देती है। आप अपनी वर्तमान स्थिति को स्वीकार करते हैं लेकिन स्वयं को और अधिक बेहतर बनाने का निरंतर प्रयास करते रहते हैं।

मुझे मेरी हर धड़कन, हर साँस दिव्यता की याद दिलाती है।"

राहुल राजपूत
आयु 25 वर्ष , ट्रेवल वलोगर, फोटोग्राफर

"महाकाल मेरे लिए सबकुछ हैं। जब भी मैं वहाँ जाता हूँ, मुझे दुनिया का सामना करने की ताकत मिलती है। महाकाल बाबा में एक ऐसी ऊर्जा है जिसे आप सिर्फ महसूस कर सकते हैं। मुझे लगता है कि आज की पीढ़ी केवल यह देखती है कि शिव भांग का सेवन करते हैं लेकिन वे यह नहीं समझते कि शिव ने ऐसा क्यों किया? उन्होंने विष तक का सेवन किया, क्या हमारे पास ऐसा करने की क्षमता है? नहीं, तो हमें चीज़ों को नकारात्मक रूप में नहीं लेना चाहिए। बल्कि शिव हमें दिखावा छोड़ने की सीख देते हैं। उनके पास सब कुछ है, फिर भी वे एक साधारण जीवन जीते हैं। वे हमें ध्यान करने और मानसिक शक्ति को बढ़ाने की सीख देते हैं।"

अध्याय -9

महाकालः त्योहार और पवित्र अनुष्ठान

शिवरात्रि

शिवरात्रि के दौरान, पंचमी तिथि से शुरू होने वाले नौ दिनों के भगवान शिव के पर्व, जिसे शिव नवरात्रि के रूप में मनाया जाता है, दिव्य अनुष्ठानों के साथ एक रहस्यमयी भव्यता में बदल जाता है। सरकारी तौर पर नियुक्त ग्यारह पुजारियों द्वारा सुबह 9 बजे से दोपहर 12 बजे तक महाकाल का लघुरुद्र अभिषेक किया जाता है, जिसमें दिव्य आशीर्वाद की प्राप्ति के लिए प्रार्थना की जाती है। नौ दिनों के इस उत्सव में प्रति दिन महाकाल का एक अलग रूप होता है, जो हर दिन और अधिक अद्भुत और विस्मयकारी होता जाता है।

पहले दिन पंचमी तिथि को महाकाल को चंदन, भांग, शोला और बागम्बर से सजाया जाता है, जो पवित्रता और भक्ति का प्रतीक है। दूसरे दिन महाकाल को शोला और बागम्बर के साथ शेषनाग से सजाया जाता है। अगले दिन वे घटाटोप रूप में प्रकट होते हैं। इसके बाद शेषनाग और घटाटोप के साथ महाकाल पर एक शिव प्रतिमा का चाँदी का मुखौटा (चेहरा) रखा जाता है, जिससे भक्त उनके छबीना दर्शन कर सकें। अगले दिन महाकाल होलकर

स्वरूप में प्रकट होकर भक्तों को आशीर्वाद देते हैं और उसके बाद के दिन वे मनमहेश के रूप में दर्शन देते हैं। 7वें दिन महाकाल अपने उमा महेश रूप में होते हैं। 8वें दिन भक्तों को महाकाल का शिव तांडव रूप देखने का सौभाग्य प्राप्त होता है। शिवरात्रि के पावन दिन महाकाल निराकार स्वरूप धारण करते हैं, जो मानव धारणा से परे की स्थिति का प्रतीक है। इस दिन महाकाल पर जल पूरे दिन सुबह से लेकर रात्रि 12 बजे तक चढ़ता है। फिर आधी रात से सुबह 4 बजे तक महापूजा, पंचामृत पूजन और अभिषेक किया जाता है। अभिषेक के बाद सप्तधातु से बनी प्रतिमा (सात धातुओं से बनी मूर्ति) को महाकाल पर स्थापित किया जाता है और 1008 शिवनामावली के साथ बेलपत्र अर्पित किए जाते हैं। इसके बाद 101 किलो 7 प्रकार के धान (अनाज) महाकाल पर चढ़ाए जाते हैं और 7 खाद्य मंत्रों का जाप किया जाता है। इस पूजा के बाद महाकाल को वंश पुजारियों द्वारा एक भव्य दूल्हे के रूप में शृंगारित किया जाता है, शानदार फूलों के सेहरे और कंकण की माला के साथ, इसे "सेहरा दर्शन" कहा जाता है। यह पवित्र अनुष्ठान सुबह से दोपहर तक चलता है जो भक्तों के साथ एक दिव्य व गहरा संपर्क स्थापित करता है। दोपहर में सेहरा दर्शन समाप्त होता है, जो एकमात्र अवसर को चिह्नित करता है जब भस्म आरती दोपहर में की जाती है, जो सामान्यतः सुबह के समय की जाती है।

महेश गुरुजी ने बताया कि यदि कोई व्यक्ति महाकाल / शिव को अधिक या कुछ भी अर्पित करने में सक्षम नहीं है, तो वह केवल मानस पूजा के 5 श्लोकों का पाठ करके मानस पूजा कर सकता है (जो शिव सागर में वर्णित है)। यह भगवान शिव को बेलपत्र, आभूषण, मिठाई, धन आदि सब कुछ अर्पित करने के समान होता है।

महाकाल की शाही सवारी

श्रावण मास के दौरान, उज्जैन के राजा के रूप में पूज्यनीय महाकाल एक शाही सवारी पर निकलते हैं, जो शाम 4 बजे से 7 बजे तक होती है। चाँदी की पालकी में विराजमान, साकार स्वरूप में सुसज्जित महाकाल नगर भ्रमण करते हैं, जिससे वे अपने भक्तों से मिल सके, उनका हाल जान सके। प्रतीकात्मक

रूप से, प्राणप्रतिष्ठा के दौरान प्रतिष्ठित एक लिंगम को पालकी में रखा जाता है, जो भगवान की उपस्थिति का प्रतीक है। यह शाही सवारी हर सोमवार को श्रावण और कभी-कभी भादों महीने में भी निकलती है (सवारी की संख्या कुछ नियमों और रीतियों के अनुसार भिन्न हो सकती है)।

मैं सौभाग्यशाली थी कि मुझे भगवान महाकाल की एक शाही सवारी का हिस्सा बनने का अवसर मिला। दोपहर के बाद से ही भक्तजन महाकाल राजा की एक झलक पाने के लिए उस मार्ग पर इकट्ठा होने लगे थे, जिस पर उनकी सवारी आने वाली थी । लोग स्कूटर पर, पेड़ों पर, दुकानों पर (यहाँ तक कि मैं खुद इस उत्साह में इतना खो गई कि एक दुकान के काउंटर पर चढ़ गई और उस समय कोई भी मना नहीं करता है), कहीं भी खड़े हो गए, जहाँ से वे महाकाल राजा की निकट से झलक पा सकें। फूलों को लगभग सभी द्वारा वितरित किया जा रहा था ताकि "महाराजा" की पालकी के आने पर उन पर बरसाए जा सकें। मंदिर परिसर में दोपहर 3 बजे से ही प्रतीकात्मक महाकाल को सजाया और सभा मंडप में पहले पूजित किया जाता है, फिर उन्हें राजा के योग्य चाँदी की पालकी में विराजमान किया जाता है। जब उनकी पालकी मंदिर से ठीक 4 बजे बाहर निकलती है, तो उन्हें गार्ड ऑफ ऑनर दिया जाता है। एक पुलिस दल बैंड बजाता हुआ सबसे आगे चलता है। इसके बाद विभिन्न बैंड, डमरू वादक, नर्तक आदि आते हैं, जो शिव भजनों के साथ चलते हैं। उनकी पालकी के पीछे हर बार एक अलग रथ चलता है और फिर अपने एक रूप में महाकाल राजा हाथी पर सवार होते हैं। उच्च पदस्थ पुलिस अधिकारी और अन्य प्रमुख गणमान्य व्यक्ति सभी सेवक की तरह महाकाल राजा की सुरक्षा के लिए इस सवारी का हिस्सा बनने के लिए हमेशा उत्सुक रहते हैं।

प्रत्येक शाही सवारी में महाकाल का एक रूप और जुड़ता जाता है, पहली सवारी में एक रूप, दूसरी में दो रूप, तीसरी सवारी में तीन रूप होते हैं जो इसी तरह बढ़ते जाते हैं। सिर्फ एक झलक और "जय महाकाल", "जय राजा महाकाल", "हर हर महादेव" की गूंजती आवाजें आपके रोंगटे खड़े करने के लिए काफी हैं। हजारों भक्तों की आवाज़ इतनी जोरदार होती है कि अच्छे से अच्छे लाउडस्पीकर भी फेल हो जाएँ । वास्तव में, मुझे ऐसा महसूस हुआ जैसे

मैं उस समय में पहुँच गई हूँ, जब राजा महाराजाओं की भव्य सवारियाँ निकला करती थीं। उन पलों में मुझे ऐसा लगा जैसे मैं एक साधारण प्रजा हूँ जो अपने प्रिय राजा के मार्ग पर बिछने को तैयार हूँ। वातावरण ही कुछ ऐसा होता है। डमरू की आवाज़ें, नगाड़े, भक्ति गीत, और हर हर महादेव के जयकारे आधुनिक युवाओं को भी इस आध्यात्मिक क्षण का हिस्सा बना देते हैं। हाँ, सभी आयु वर्ग के लोग, कुछ महीनों के बच्चों से लेकर 80+ बुजुर्ग तक, उस समय अपने प्रिय राजा महाकाल के अधीन एक बड़े परिवार की तरह एकजुट महसूस करते हैं। ऐसा प्रतीत होता है कि पूरे उज्जैन व बाहर से आये भक्त महाकाल के दर्शन, उनकी एक झलक पाने के लिए एक सैलाब के जैसे एकत्रित हो गए हैं और हर शाही सवारी के साथ यह उत्साह साल दर साल बढ़ता ही जाता है। सवारी उसी जोश से भरे माहौल और भक्ति भाव के साथ शाम 7 बजे मंदिर में वापस आती है क्योंकि माना जाता है कि श्रावण मास के हर सोमवार को भगवान महाकाल उपवास रखते हैं और शाम 7 बजे की आरती में वो अपना दिन भर का उपवास खोलते हैं।

ये पवित्र परंपराएं न केवल उज्जैन की आध्यात्मिक धरोहर को समृद्ध करती हैं बल्कि भक्तों को उन कालातीत रीतियों में भाग लेने के लिए प्रेरित करती हैं, जो महाकाल, अनंत रक्षक और ब्रह्मांडीय अनुग्रह के प्रतीक की पूजा करती हैं। ये हमारी प्राचीन संस्कृति की एक पवित्र रीति का प्रतीक हैं।

हरिहर भेंट

कार्तिक मास की पवित्र वैकुंठ चतुर्दशी के शुभ दिन, उज्जैन का गोपाल मंदिर हरि-हर मिलन के रहस्यमय व अद्भुत सामंजस्य के साथ प्रतिध्वनित होता है। पौराणिक मान्यताओं के अनुसार, चातुर्मास के दौरान भगवान विष्णु क्षीर सागर में विश्राम करने जाते हैं और भगवान् महाकाल इस समय उनकी जिम्मेदारी संभालते हैं। कार्तिक मास की वैकुंठ चतुर्दशी पर भगवान महाकाल संसार की जिम्मेदारी पुनः भगवान विष्णु को सौंपते हैं, जो एक दिव्य उत्सव का अवसर होता है। इस दिन भगवान शिव और विष्णु की संयुक्त पूजा की जाती है, जिसे हरि-हर मिलन (भगवान विष्णु और शिव का मिलन) कहा जाता है।

यहाँ 'हरि' का अर्थ भगवान विष्णु है और 'हर' का अर्थ भगवान शिव है । यह हरिहर मिलन रात्रि के समय होता है जब भगवान महाकाल प्रतीकात्मक रूप में महाकालेश्वर मंदिर के गर्भगृह से बाहर निकलते हैं और "अवन्तिकानाथ" शोभायात्रा में एक भव्य रजत पालकी में सवार होते हैं। यह समारोह गोपाल मंदिर में भगवान विष्णु को बिल्वपत्र की माला अर्पित करने के साथ सम्पन्न होता है और केवल यहाँ इसी विशेष अवसर पर महाकाल को तुलसी की माला अर्पित की जाती है। इन पूजा विधियों के बाद, यह शोभायात्रा महाकालेश्वर मंदिर लौटती है और इस दिव्य दृश्य का समापन महाकाल की भस्म आरती के साथ होता है। हरि-हर मिलन की यह परंपरा विभिन्न पुराणों में भी वर्णित है।

डॉक्टर अजय यादव
(लखनऊ)

"शिव शाश्वत हैं, शिव आदि हैं, शिव अनंत हैं – जो शाश्वत हैं, जो मूल हैं और जो अनंत हैं। मेरे लिए शिव उस परम वास्तविकता का प्रतीक हैं जो जन्म और मृत्यु से परे है, जो समय और स्थान की सीमाओं से परे मौजूद है। मैं बचपन में अमर चित्र कथा के माध्यम से महाकाल से परिचित हुआ था और अब तक 10 से ज्यादा बार मैंने हर साल श्रावण के महीने में महाकाल के दर्शन किए हैं। जब से मैं बच्चा था, तब से 'महाकाल' शब्द की भव्यता और महानता ने मुझे मंत्रमुग्ध करा हुआ है। समय के साथ मेरा महाकाल के प्रति आकर्षण और भी बढ़ गया है और मैं इस रहस्यमय शक्ति से और भी अधिक प्रभावित होता जा रहा हूँ।

2014 में मेरे पिता को एक गंभीर स्ट्रोक आया था, तब अचानक मुझे यह महसूस हुआ कि अगर वे ठीक हो गए, तो मैं हर श्रावण में महाकाल के दर्शन करने का प्रण लूँगा। तब से मैंने अपने पिता के स्वस्थ होने का आभार व्यक्त करने के लिए हर साल श्रावण के महीने में महाकाल के दर्शन करना अपनी एक रस्म बना ली है। महाकाल का महत्व वास्तव में बहुत गहरा है और उनके द्वारा उत्पन्न ऊर्जा अद्वितीय है। जब मैं महाकाल के बारे में सोचता हूँ, तो मुझे आत्मविश्वास और आस्था का अनुभव होता है कि जो भी मैं कर रहा हूँ, वह उनके दिव्य मार्गदर्शन और आशीर्वाद के साथ पूरा हो जाएगा।

जब मैं महाकाल के दर्शन करता हूँ तो मुझे एक हल्कापन, एक संतुष्टि और मुक्ति का एहसास होता है। ऐसा लगता है जैसे मैंने अपनी सभी जिम्मेदारियों को पूरा कर लिया है और अब मैं गहरी साँस लेकर आराम कर सकता हूँ। यह भावना शब्दों में बयान करना

कठिन है, लेकिन यह ऐसा है जैसे मैंने मेडल हासिल कर लिया हो, एक प्रतीक, की मैंने एक और साल सफलतापूर्वक पार कर लिया है और अब मैं आने वाली किसी भी चुनौती का सामना कर सकता हूँ। जब आप महाकाल में विश्वास रखते हैं तो परिवर्तन अपरिहार्य होता है। जब भी मैं किसी चुनौतीपूर्ण परिस्थिति में महाकाल को याद करता हूँ तो मुझे आशा की एक किरण दिखाई देती है। हो सकता है कि मैं हमेशा उस मार्ग को समझ न पाऊँ जो मुझे महाकाल दिखा रहे हैं, लेकिन अंततः मुझे रास्ता मिल ही जाता है। याद रखें, आपको अपनी राह खुद बनानी होती है और उसके लिए संघर्ष करना होता है। लेकिन यह जान लें कि महाकाल हमेशा आपके साथ रहेंगे, आपको मार्गदर्शन और समर्थन प्रदान करते हुए।"

डॉ.श्रीकांत
(कर्नाटक)

"मैंने अपने उत्तर भारतीय दोस्तों से महाकाल के बारे में बहुत कुछ सुना था और अब मुझे यहाँ आने का मौका मिला। मेरे दोस्तों ने जो कुछ भी बताया था, वह इस अनुभव के सामने कुछ भी नहीं है जो मैंने महाकाल के दर्शन के बाद महसूस किया। एक डॉक्टर होने के नाते, मैं बहुत व्यस्त जीवन जीता हूँ और यहाँ आकर ऐसा लगा मानो मेरी सारी थकान गायब हो गई हो। मुझे ऐसा महसूस हुआ जैसे कोई भारी बोझ मेरे ऊपर से हट गया हो। मैंने अपने अंदर एक शांति महसूस की। मुझे ऐसा लगा जैसे मैं हमेशा के लिए महाकाल को निहारता रह सकता हूँ... महाकाल शिवलिंग वास्तव में लार्जर देन लाइफ है जैसा मैंने महसूस किया है। उनमें एक आकर्षण और ऊर्जा है जिसको बयान करना आसान नहीं है, जो आपको अपनी ओर खींचती है। मुझे ऐसा लगता है जैसे मुझे एक नई ज़िंदगी मिल गई हो। अब मैं आराम से वापस जा सकता हूँ, यह जानते हुए कि महाकाल हर चीज़ का ख्याल रखेंगे। यह पूरी तरह महाकाल की इच्छा पर निर्भर है, लेकिन मैं बार-बार आने की कोशिश करूँगा। मैं महाकाल के दर्शन करके बहुत अधिक धन्य महसूस कर रहा हूँ।"

अध्याय-10

महाकाल से जुड़े रहस्य और मान्यताएँ

उज्जैन का महाकालेश्वर मंदिर वैज्ञानिक आकर्षण और पौराणिक रहस्यों में घिरा हुआ है, जो महाकाल के भक्तों को गहराई से प्रभावित करता है।

कहा जाता है कि उज्जैन में कोई राजा या शासक रात में नहीं रह सकता क्योंकि यह शहर केवल राजा महाकाल का है। यहाँ किसी भी मानव सत्ता का कोई स्थान नहीं है। इस परंपरा की अवहेलना करने वाले किसी भी राजा को गंभीर परिणाम भुगतने पड़ते हैं, जैसा कि कहावत है, "एक शहर में दो राजा नहीं रह सकते।" कहा जाता है कि राजा विक्रमादित्य ने भी राजा महाकाल के प्रतिनिधि के रूप में उज्जैन पर शासन किया, न कि स्वयं राजा के रूप में।

महाकालेश्वर मंदिर का एक अनूठा भौगोलिक महत्व है कि कर्क रेखा ठीक इसके शिखर से होकर गुजरती है।

वैज्ञानिक महाकालेश्वर ज्योतिर्लिंग को ऊर्जा के एक प्रमुख बिंदु के रूप में पहचानते हैं। इसे एक शुभ सौर स्थान में स्थित माना जाता है, जिससे यह सौर ऊर्जा को आकर्षित करता है, जो मंदिर के वातावरण को शांति और ध्यान के लिए अधिक उपयुक्त बनाती है।

विशेष रूप से महाकालेश्वर एकमात्र ज्योतिर्लिंग है जो दक्षिणमुखी है,

जो समय और मृत्यु के प्रतीकों से जुड़ा हुआ है।

मंदिर की वास्तुकला पाँच स्तरों में फैली हुई है, जिसमें एक भूमिगत कक्ष भी शामिल है, जहाँ ऐसा माना जाता है कि भगवान शिव ने तांडव, सृष्टि और विनाश का नृत्य किया था।

एक मिथक है कि महाकालेश्वर मंदिर परिसर के अंदर स्थित जूना महाकाल ही असली महाकाल है लेकिन महेश पुजारी जी के अनुसार, "यह वास्तव में वृद्धकालेश्वर महादेव हैं। समय के साथ इनका नाम बिगड़कर जूना महाकाल हो गया, यह मिथक शायद आक्रमणकारियों को भ्रमित करने और असली महाकाल शिव लिंग को बचाने के लिए फैलाया गया था।"

महाकालेश्वर मंदिर को सात मुक्ति स्थलों में से एक माना जाता है, जहाँ भक्त मानते हैं कि मृत्यु और अंतिम संस्कार से मोक्ष प्राप्त होता है और पुनर्जन्म के चक्र से मुक्ति मिलती है।

ऐसा माना जाता है कि यदि आप महाकाल से शुद्ध हृदय से और बिना किसी बुरी इच्छा के कुछ माँगते हैं तो वह आपको अवश्य प्राप्त होता है।

महाकालेश्वर मंदिर से जुड़े रहस्य और आध्यात्मिक महत्व प्राचीन कथाओं को गहन ब्रह्मांडीय प्रतीकवाद के साथ मिलाते हुए, सत्य के खोजी साधकों की जिज्ञासा को लगातार मोहित और प्रज्वलित करते रहते हैं।

पंडित श्रेयस चतुर्वेदी

26 वर्ष , महाकालेश्वर मंदिर (उज्जैन)

"मैं महाकाल बाबा की सेवा में तब से हूँ जब मैं छोटा बच्चा था। जैसे ही मैंने स्नातक पूरा किया, मैंने महाकालेश्वर मंदिर में एक पुजारी के तौर पर पूजा अर्चना करनी शुरू कर दी। अभी मैं विक्रम विश्वविद्यालय, उज्जैन से वेद में एम.ए. कर रहा हूँ।

यह मायने नहीं रखता कि मैं एक पुजारी हूँ या एक आम इंसान, भक्ति मेरे लिए भगवान की आराधना है, जिसके माध्यम से हमें शांति मिलती है और यह हमें सकारात्मकता की ओर ले जाती है। महाकाल का निराकार रूप है, वह किसी भी भौतिक चीज़ से जुड़े नहीं हैं, आप उन्हें केवल जल अर्पित करें और वह उससे ही प्रसन्न हो जाते हैं। इसलिए यदि हम हर परिस्थिति में खुश रहना चाहते हैं, तो हमें शिव से यह सीखना चाहिए कि हम इस भौतिकता से सही समय पर अलग हो जाएँ और बहुत अधिक अपेक्षाएँ न रखें बल्कि अपने काम को ईमानदारी से करें। महाकाल आपकी ईमानदार कोशिशों को व्यर्थ नहीं जाने देंगे।"

श्रीमती रीना रावत

आयु , 45 वर्ष ,योग थेरपिस्ट, (दुर्गापुर,पश्चिम बंगाल)

"जब मैंने महाकाल के दर्शन किए तो उसके बाद मुझे अपने भीतर शांति और सुकून का अनुभव हुआ। महाकाल शिवलिंग के सामने एक उर्जा का प्रवाह था । मुझे ऐसा महसूस हुआ जैसे मैं दिव्य रूप से सकारात्मकता से भर गई हूँ। मेरे लिए भक्ति एक ऐसा आध्यात्मिक मार्ग है जो समर्पण और प्रेम के माध्यम से हमें जन्म, मृत्यु और पुनर्जन्म के चक्र से मुक्ति दिलाता है। एक योग चिकित्सक के रूप में, मुझे लगता है कि हम सभी को आदियोगी शिव से योग सीखना चाहिए। योग, जो हमें शारीरिक, मानसिक और भावनात्मक रूप से स्वस्थ रहने में मदद करता है, जो आज के समय की आवश्यकता है और सबसे महत्वपूर्ण बात यह है कि, बाहरी चीजों में खुशियाँ खोजने के बजाय अपने भीतर शुद्ध सुख की तलाश करना सीख सकते हैं।"

अध्याय-11

महाकाल और श्मशान : इस पवित्र बंधन को समझने का एक प्रयास

भगवान शिव का श्मशान में वास वास्तव में एक गूढ़ और रहस्यमयी विषय है, जिस पर अलग-अलग विद्वानों की अलग-अलग राय है। लेकिन शास्त्रों में इस बारे में कुछ कथाएँ मिलती हैं जो इस प्रश्न का उत्तर देती हैं।

श्रीमद्भागवत पुराण में देवी सती और उनके पिता दक्ष के बीच संवाद का एक अध्याय है, जहाँ सती भगवान शिव के वास्तविक स्वरूप को समझाती हैं।

उन्होंने कहा, "यह केवल आप ही हैं जो उन्हें 'अशिव' (अशुद्ध) मानते हैं, अन्य कोई नहीं। यदि ऐसा है तो फिर भगवान ब्रह्मा और अन्य देवता क्यों शिव के जो श्मशान में रहते हैं चरणों से गिरे हुए फूलों को अपने सिर पर धारण करते हैं?"

इससे यह स्पष्ट होता है कि श्मशान में वास करने वाले शिव का स्वरूप दिव्य और पवित्र है।

शिव पुराण में भी एक कथा है, जिसमें देवी उमा (पार्वती) ने भगवान शिव से पूछा, "आपको रुद्र भूमि क्यों पसंद है?"

इस पर भगवान शिव ने उत्तर दिया, "मनुष्य की मृत्यु के बाद वह रुद्र भूमि में अकेला, भयभीत, और दुःखी रहता है। इसलिए मैं वहाँ रहता हूँ ताकि

उसे यह एहसास हो सके कि वह अकेला नहीं है। मैं वहाँ उसकी सांत्वना के लिए हूँ, उसे यह बताने के लिए कि उसे ज्ञान प्राप्त करने का एक और अवसर मिलेगा। हम 'जगतः पितरौ वंदे पार्वती परमेश्वरौ' हैं, इस सृष्टि के हर जीवन के माता-पिता हैं। एक पिता के रूप में, यह मेरा कर्तव्य है कि मैं अपने घायल और दुखी बच्चे की सहायता करूँ इसलिए मैं रुद्र भूमि में वास करता हूँ।"

यही कारण है कि शिव अपने अंश या रुद्र रूप में हमारे साथ रहने के लिए श्मशान में रहते हैं जहाँ हमारे सभी करीबी या प्रिय हमें पीछे मुड़कर भी नहीं देखते हैं। यही जीवन की कठोर परंतु सत्य वास्तविकता है। जब हम जीवित होते हैं तो सभी हमारे आस पास होते हैं । हमारी मृत्यु होते ही हमको श्मशान ले जाया जाता है और अनुष्ठानों के बाद हमारे सबसे प्रिय करीबी भी पीछे मुड़कर नहीं देखते कि क्या जो शरीर अब राख में बदल गया है उसके साथ सब ठीक है? आत्मा हर किसी को जाते हुए देखती है (हिन्दू शास्त्रों के अनुसार) । इस समय शिव अपने अंश या रुद्र रूप में आत्मा के पास उस गहरे दुख को हल्का करने आते हैं । आत्मा को भी शिव के साथ एक होने पर खुशी होती है। यही शिव और श्मशान का संबंध है। इससे यह समझ में आता है कि भगवान शिव श्मशान में इसलिए रहते हैं ताकि मृत्यु के बाद भी वे आत्मा को अकेलापन महसूस न होने दें। वे हमें सीखाते हैं कि जिस सुंदर शरीर पर हम गर्व करते हैं, वह एक दिन राख में बदल जाएगा इसलिए हमें भौतिक चीजों को महत्व देना बंद कर देना चाहिए और अपने आत्मिक विकास की और ध्यान देना चाहिए।

रुद्रकालीरदित्यश्चश्मशानेष्वविराजते।
तत्र शम्भुः प्रसन्नात्मा विचरति न संशयः॥

"रुद्रकाली, आदित्य (सूर्य) श्मशान भूमि में प्रकाशित होते हैं। वहाँ, शांत आत्मा वाले शंभू (शिव) बिना किसी संदेह के विचरण करते हैं।" यह श्लोक शिव (शंभू) की श्मशान भूमि में उपस्थिति को उजागर करता है, जहाँ वे अन्य दिव्य रूपों के साथ होते हैं। यह उनके परमात्मा स्वरूप और मृत्यु व परिवर्तन के प्रतीक स्थानों से उनके जुड़ाव पर प्रकाश डालता है।

महेश पुजारी जी ने शिव और श्मशान के इस पवित्र बंधन की अत्यंत सूक्ष्म व् सुन्दर व्याख्या की है। उनके अनुसार, "सती के यज्ञकुंड की वेदी में खुद को समाहित करने के बाद राजा दक्ष का सिर काट दिया गया और भगवान शिव के क्रोध के कारण वहाँ का वातावरण एक श्मशान भूमि में बदल गया। तब शिव ने गुस्सा शांत होने के बाद उस जगह को वापस एक दिव्य लोक में बदल दिया। सभी मृतकों को पुनर्जीवित कर दिया और राजा दक्ष को बकरे का सिर लगाया। यह शिव की शक्ति को दर्शाता है कि वह श्मशान भूमि को भी दिव्य स्थान में बदल सकते हैं। भोलेनाथ केवल कैलाश में निवास करते हैं और वे अपने अंश / रुद्र रूप में ही श्मशान में रहते हैं ताकि वहाँ कोई अनर्थ न हो।"

नागा साधु राजेश पुरी
(श्मशान निवासी, उज्जैन)

"महाकाल सबकी मनोकामना पूरी करते हैं। वो जगत पिता हैं संसार के पिता। वो उन्हीं को बुलाते हैं जिन्हें बुलाना चाहते हैं, बाकि कोई भी उनके दर्शन नहीं कर सकता अगर वो नहीं चाहते हैं तो । आप अपने 24 घंटे के दिन में से कम से कम 1 घंटा शिव को समर्पित करें। 'ॐ नमः शिवाय' का जाप करें। मैं पिछले 40 सालों से नियमित रूप से रोज़ महाकाल मंदिर जा रहा हूँ। वो हमेशा वहाँ होते हैं। कहा जाता है कि ब्राह्मण का गुरु एक संन्यासी होता है, संन्यासी का गुरु अविनाशी (शिव) होता है। लेकिन अविनाशी का कोई गुरु नहीं होता..वो अनादि हैं...हमेशा से हैं...हमें शिव से संस्कार सीखने चाहिए जैसे हमारे माता-पिता हमें बचपन में सिखाते हैं...दूसरों को देना सीखो...विश्वास रखना सीखो...अपनी इंद्रियों पर नियंत्रण रखना सीखो...योग सीखो...जय बाबा महाकाल...जो एक बार बाबा महाकाल के पास सच्चे दिल से आ गया वो हमेशा उन्हीं की कृपा दृष्टि में रहेगा।"

अध्याय-12

भक्ति का सार

बचपन में हम अपने पिता को सुपरहीरो की तरह देखते थे, जो असंभव को भी संभव बना सकते थे। उनकी उपस्थिति में हमें सुरक्षित महसूस होता था, यह जानते हुए कि वे हमें हर मुसीबत से बचा लेंगे। यही अटूट विश्वास माता-पिता और बच्चे के बंधन की नींव होता है।

इसी प्रकार भक्ति भी परमात्मा के प्रति समर्पण का नाम है, जिसमें हम खुद को पूरी तरह से दिव्य शक्ति की देखरेख में सौंप देते हैं। यह मान्यता है कि हमारा अस्तित्व हमारा अपना नहीं है, बल्कि यह एक उपहार है जो हमें ईश्वर से मिला है। हम अपनी आँखें बंद कर सकते हैं, सभी शंकाओं और डर को छोड़ सकते हैं, यह जानते हुए कि भगवान हमारी देखभाल कर रहे हैं और हमारे जीवन की यात्रा में मार्गदर्शन कर रहे हैं।

जिस प्रकार हमारे पिता हमें सुरक्षित रखते हैं और हमारी देखभाल करते हैं, भले ही हमें आगे का रास्ता न दिखे, हमें विश्वास होना चाहिए कि परम शक्ति भी (उसे किसी भी नाम से पुकारें) हर तरह से हमारा ख्याल रखेगी। भक्ति वह गहरा विश्वास है जो हमें जीवन की चुनौतियों का सामना साहस और आत्मविश्वास के साथ करने में सक्षम बनाता है।

भक्ति शब्द संस्कृत के "भज" से लिया गया है, जिसका अर्थ है "पूजा

करना, सहारा लेना।" यह दिव्य के प्रति गहरे लगाव, समर्पण और प्रेम का प्रतीक हैएक ऐसा विश्वास या प्रेम जो आध्यात्मिक और धार्मिक रूप में प्रकट होता है, जो मोक्ष का मार्ग प्रदान करता है। भक्ति, या समर्पण, व्यक्ति और परमात्मा के बीच एक रहस्यमयी मिलन का प्रतीक है। यह नकारात्मकता को सकारात्मकता में बदलने पर जोर देता है, जिससे जीवन को सुंदरता और आध्यात्मिक पूर्णता से समृद्ध किया जा सके।

लेकिन क्या भक्ति या समर्पण पुरानी बात नहीं है? ऐसा कुछ, जिसके लिए युवा पीढ़ी के पास उनके तथाकथित व्यस्त जीवन में समय नहीं है?

यह धारणा है कि भक्ति एक पुरानी अवधारणा है जो आज की तेज़-रफ़्तार दुनिया में अपनी प्रासंगिकता खो चुकी है, आम तौर पर देखी जाती है। आजकल की तेज़ी से भागती दुनिया में फंसे कई युवा, भक्ति को अतीत की एक पुरानी परंपरा के रूप में देखते हैं, जो अब उनके मूल्यों या जीवनशैली से मेल नहीं खाती।

वास्तव में भक्ति आज के समय में पहले से कहीं अधिक प्रासंगिक है। तकनीकी प्रगति और सोशल मीडिया के बढ़ते प्रभाव के साथ, कई लोग अपने जीवन में अर्थ और उद्देश्य की खोज में संघर्ष कर रहे हैं। वे एक गहरे संबंध और तृप्ति की खोज में हैं जो आधुनिक जीवन के सतही पहलुओं से परे हो। हालाँकि यह सच है कि आधुनिक समाज में भक्ति उतनी स्पष्ट रूप से दिखाई नहीं देती जितनी पहले थी, लेकिन यह न तो पुरानी हो गई है और न ही अप्रासंगिक। बल्कि यह पहले से कहीं अधिक आवश्यक हो गयी है। एक ऐसे युग में जो गति और दक्षता से प्रभावित है, भक्ति हमें धीमा होने, अपने आप से जुड़ने और अर्थपूर्ण संबंधों की सुंदरता को फिर से खोजने का अवसर प्रदान करती है। भक्ति को एक आध्यात्मिक अभ्यास के रूप में अपनाकर, हम उस आंतरिक शांति और उद्देश्य की भावना को विकसित कर सकते हैं जो आधुनिक जीवन की अस्थायी प्रकृति से परे है। समकालीन जीवन की जटिलताओं का आँकलन करते हुए, हमें भक्ति की अपनी क्षमता को फिर से प्रज्वलित करने का प्रयास करना चाहिए। इसे एक शक्तिशाली शक्ति के रूप में पहचानते हुए जो हमें खुद

से, एक-दूसरे से और हमारे आस-पास की दुनिया के करीब ला सकती है।

भक्ति को कैसे विकसित किया जा सकता है ?

भक्ति तर्क से नहीं आ सकती, यह ज्ञान से नहीं आ सकती। यह केवल ईश्वर के आशीर्वाद से आती है, जैसे कि मुझे लगभग आधी सदी के बाद मिली। भक्ति आशीर्वाद से है और आशीर्वाद भक्ति से। महाकाल के आशीर्वाद के बिना कुछ भी नहीं होता।

भक्ति के मार्ग पर चलने से पहले, भक्ति के विचार को मन में प्रवेश करने के लिए भी महाकाल के आशीर्वाद की आवश्यकता होती है और एक बार जब आपको उनका आशीर्वाद मिल जाता है तो आप एक साधारण दैनिक दिनचर्या से भक्ति की शुरुआत कर सकते हैं, भले ही यह दिन में सिर्फ 5-10 मिनट के लिए ही क्यों न हो।

- भगवान शिव के प्रति गहरी भक्ति विकसित करने के लिए, प्रतिदिन कुछ क्षण शांति से ध्यान में बिताएँ। अपनी आँखें बंद करें और भगवान शिव के दिव्य स्वरूप की कल्पना करें।

- उनकी उपस्थिति को अपने चारों ओर महसूस करें और अपने आप को उनके दिव्य प्रकाश से भर जाने दें। आप "ॐ नमः शिवाय" जैसे पवित्र मंत्रों का उच्चारण भी कर सकते हैं, जिससे आप शिव की ऊर्जा से जुड़ सकें।

- गहरी साँसें लें, सारी नकारात्मकता और विचलन को जाने दें। अपने मन को मंत्र पर केंद्रित करें और खुद को आंतरिक शांति और परिवर्तन की अवस्था में ले जाने दें।

- भगवान शिव की शिक्षाओं की समझ विकसित करने के लिए, शिव पुराण या प्रसिद्ध गुरुओं द्वारा लिखी गई पुस्तकें पढ़ें। ये ग्रंथ ब्रह्मांड के रहस्यों के बारे में ज्ञान और अंतर्दृष्टि का खजाना प्रस्तुत करते हैं।

- भगवान शिव से जुड़े पवित्र स्थलों जैसे कि भगवान शिव के ज्योतिर्लिंग या पहाड़ों पर स्थित शिव मंदिरों आदि की यात्रा करें। ये तीर्थयात्राएँ आपको भगवान शिव और प्रकृति के करीब ला सकती हैं और निश्चित रूप से आपको आराम देने वाली छुट्टियों का आनंद भी

दिला सकती हैं।

* भक्ति केवल व्यक्तिगत पूजा तक सीमित नहीं है, बल्कि इसमें दूसरों की सेवा करना भी शामिल है। अपनी क्षमता के अनुसार ज़रूरतमंदों की मदद करना, जानवरों के प्रति दया दिखाना भी भक्ति का हिस्सा है।

* जहाँ तक गुरु का सवाल है, महेश गुरुजी कहते हैं, "महाकाल को अपना गुरु बनाओ क्योंकि कोई भी इंसान भक्ति का मार्ग दिखाने के योग्य नहीं है। यदि महाकाल ही गुरु हैं तो वे खुद आपका मार्गदर्शन करेंगे।"

ध्यान दें : ये केवल सुझाव हैं; हर व्यक्ति भक्ति के प्रति अपने तरीके से अग्रसर होता है। इसमें कोई सख्त नियम नहीं है, आप इनमें से कुछ का पालन कर सकते हैं या अपनी सुविधानुसार अपना सकते हैं। भक्ति का सार व्यक्तिगत संबंध और ईश्वर के प्रति सच्चे प्रेम में निहित है और उनके सिद्धांतों का पालन करने में है।

भक्ति का अर्थ दुनिया को त्यागना या जिम्मेदारियों को छोड़कर एकांत में ज्ञान प्राप्त करना नहीं है। भगवान शिव भक्ति के प्रतीक, इस बात का एक उत्कृष्ट उदाहरण हैं कि कैसे सांसारिक कर्तव्यों को आध्यात्मिक साधना के साथ संतुलित किया जा सकता है। वे एक पारिवारिक व्यक्ति हैं, जिनकी पत्नी पार्वती और बच्चे गणेश, कार्तिकेय और अशोक सुंदरी हैं लेकिन फिर भी वे ध्यान और एकांत के लिए समय निकालते हैं।

इसी तरह, ध्यान का मतलब दुनिया से कट जाना और विचारों में खो जाना नहीं है। यह स्वयं के लिए कुछ समय निकालने (आज कल इसे "मी टाइम" कहते है), अपनी जरूरतों और इच्छाओं को पहचानने का एक तरीका है। ऐसा करके हम आंतरिक शांति, स्पष्टता और ईश्वर के साथ एक गहरा संबंध स्थापित कर सकते हैं।

जब मैं अपने जीवन के पिछले पाँच दशकों को देखती हूँ, तो मुझे उन कई अनुभवों की याद आती है जिन्होंने मुझे आकार दिया है। अपने पहले के वर्षों में मैंने पारंपरिक तरीके से भक्ति की , मंदिरों में जाकर, पूजा के अनुष्ठानों में

फूल और मिठाई चढ़ाकर और गंगा नदी में स्नान करके। मेरे लिए भक्ति मूर्ति पूजा में गहराई से निहित थी ।

परंतु अब यह सब मात्र एक भ्रम प्रतीत होता है।

भक्ति का मतलब दुनिया को अस्वीकार करना या मूर्ति पूजा को अंधविश्वास के रूप में मानना नहीं है, बल्कि यह जीवन को संवारने का एक साधन है। यह हमारे "कर्म" को सुधारने, आंतरिक शांति पाने, और अनुशासन, संतुलन, और दूरदृष्टि विकसित करने का मार्ग है। भक्ति का मुख्य उद्देश्य ईश्वर के साथ एक गहरा संबंध स्थापित करना और व्यक्तिगत परिवर्तन और विकास की दिशा में प्रयास करना है।

भक्ति सिर्फ ईश्वर से अपने तरीके से जुड़ने का एक साधन है। भक्ति की सुंदरता उसकी परिवर्तनकारी शक्ति में निहित है। जब आप इसे अपनाते हैं, तो आप विनम्रता, प्रेम, करुणा और कृतज्ञता जैसे गुणों को विकसित करेंगे। भक्ति हमें निस्वार्थ कर्म (कर्म योग) में लीन होने के लिए प्रेरित करती है, जिससे हम परिणामों से मुक्त हो जाते हैं। भक्ति अहंकार को पार करने में मदद करती है। भौतिक संपत्ति जो समय के साथ फीकी पड़ सकती है या अपना मूल्य खो सकती है, उनके विपरीत, भक्ति एक ऐसा दीपक है जो हमारे भीतर जलता रहता है, हमें आंतरिक शांति और विकास की ओर मार्गदर्शन करता है। भक्ति के माध्यम से व्यक्ति आंतरिक शांति की अनुभूति कर सकता है, जिससे तनाव, चिंता और बेचैनी के बोझ हल्के हो जाते हैं। आत्मिक विकास का यह शाश्वत मार्ग आज की पीढ़ी के लिए विशेष रूप से महत्वपूर्ण है जो भावनात्मक संतुलन की तलाश में है।

भक्ति कर्मकांडों या पूजा के कठोर समय-सारणी से परे है। अंततः भक्ति एक ऐसा मार्ग है जो न केवल ईश्वर के साथ बल्कि स्वयं और दूसरों के साथ भी एक प्रेमपूर्ण संबंध को पोषित करता है। यह एक यात्रा है जो करुणा, सहानुभूति और दया को विकसित करती है, जिससे हमारे चारों ओर की दुनिया के साथ एक गहरा संबंध और समझ पैदा होती है।

परवेश राठी
(नोएडा)

"जब से मैंने महाकाल से जुड़ना शुरू किया, तब से मैंने इतनी सकारात्मक ऊर्जा महसूस की है कि मेरे अंदर की सारी नकारात्मकता पूरी तरह से गायब हो गई है। उस दिन से आज तक तीन साल हो गए हैं जब से मैंने महाकाल के दर्शन किए, उसी दिन मैंने खुद को भगवान महाकाल को समर्पित कर दिया और रुद्राक्ष धारण करना शुरू कर दिया। जब मैंने पहली बार महाकाल के दर्शन किए थे और जो ऊर्जा मैंने अंदर से महसूस की थी, वह अविश्वसनीय थी। आप अगर महाकाल से जुड़ जाते हैं तो आप भक्ति का अनुभव करेंगे और समझ पाएँगे कि आप कहाँ गलती कर रहे हैं।"

रिधेश्वर सिंह

(हजारीबाग, झारखंड)

"महाकाल के सामने खड़े होकर एक अलग ही अनुभव होता है, जैसे एक कम्पन, जिसे शब्दों में बयां नहीं किया जा सकता, बस महसूस किया जा सकता है। लेकिन हाँ, आपके अंदर कुछ सकारात्मक बदलाव ज़रूर होता है। मैंने महसूस किया कि मेरे अंदर कुछ बदल गया है। मुझे एक अजीब सी खुशी महसूस हुई, जैसे अब मुझे किसी भी चीज़ की चिंता करने की ज़रूरत नहीं है। जब हमारे पास जीने के लिए कुछ ही साल बचे हैं, तो क्यों चिंता करें? मैंने यह सब महाकाल बाबा की उपस्थिति में महसूस किया है।"

अध्याय-13

शिव मंत्रों की शक्ति

मंत्र जाप मानव जाति के लिए एक पवित्र उपहार है। यह प्राचीन धरोहर है जिसमें वर्तमान को बदलने और सभी दुखों को मिटाने की शक्ति होती है, अगर इसे श्रद्धा और भक्ति के साथ जपा जाए तो।

ॐ नमः शिवाय मंत्रः

"ॐ नमः शिवाय" भगवान शिव को समर्पित एक शक्तिशाली मंत्र है। यह यजुर्वेद में आता है। इस मंत्र को "पंचाक्षर मंत्र" कहा जाता है, जिसका अर्थ है पाँच अक्षरों वाला मंत्र। इसमें "ॐ," "न," "म," "शि," और "व" (या "या") अक्षर होते हैं, जो प्रकृति के पाँच तत्वों अर्थात् अग्नि, जल, वायु, पृथ्वी, और आकाश से संबंधित होते हैं। यह भगवान शिव को नमन करने वाला मंत्र है।

ॐ यह एक पवित्र ध्वनि और हिंदू धर्म में एक आध्यात्मिक प्रतीक है। यह परम वास्तविकता, चेतना और पूरे ब्रह्मांड का सार प्रस्तुत करता है।

नमः संस्कृत में यह शब्द "आदर," "श्रद्धांजलि," या "नमन" का अर्थ देता है। यह सम्मान का संकेत है।

शिवायः यहाँ "शिवाय" का अर्थ "शुभ" है और यह भगवान शिव को संदर्भित करता है।

इस प्रकार, "ॐ नमः शिवाय" का अर्थ है "मैं शिव को नमन करता हूँ।" एक तरीके से, इसका मतलब है स्वयं को नमन करना क्योंकि शिव सभी में अपनी चेतना के रूप में निवास करते हैं।

"ॐ नमः शिवाय" मंत्र भगवान शिव के प्रति श्रद्धा और भक्ति को प्रकट करता है। ऐसा माना जाता है कि यह मंत्र भगवान शिव की कृपा को आमंत्रित करता है, मन को शुद्ध करता है और जाप करने वाले को दिव्य चेतना से जोड़ता है।

क्या होता है जब आप "ॐ नमः शिवाय" मंत्र का जाप करते हैं ?

जब आप इस मंत्र का जाप करते हैं तो आपके साथ कई सकारात्मक चीज़ें होती हैं। शोध से पता चला है कि जाप के साथ ध्यान के समायोजन से एकाग्रता और स्मृति में सुधार होता है। मंत्र को दोहराए जाने वाली लय का दिमाग पर सकारात्मक प्रभाव पड़ता है, जो तनाव व अन्य तंत्रिका संबंधी स्थितियों को ठीक करने में फायदेमंद होता है। इस मंत्र के जाप से मस्तिष्क पर गहरा प्रभाव पड़ता है जिससे उच्च रक्तचाप में काफी कमी आती है। अतिरिक्त शोध से यह भी पता चला है कि इस मंत्र का जाप रक्त में ऑक्सीजन के स्तर को बढ़ाता है जो थकान को कम करने में मदद करता है।

शारीरिक लाभ के अलावा ॐ नमः शिवाय मंत्र का जाप चिंता और उदासी जैसे भावनात्मक और मानसिक परेशानियों को कम करने में भी मदद करता है। इस मंत्र का उच्चारण अपने अंदर गहन शांति लाता है और यह हमारे पूर्ण कल्याण और मानसिक स्वास्थ्य के लिए लाभकारी है।

महामृत्युंजय मंत्र :

इस महामंत्र को त्रयम्बकम मंत्र, मरिता संजीवनी मंत्र या रुद्र मंत्र के नाम से भी जाना जाता है। यह ऋग्वेद में पाया जाता है और इसे हिंदू धर्म में सबसे शक्तिशाली और महत्वपूर्ण मंत्रों में से एक माना जाता है। ऋषियों ने इसे वेदों का हृदय कहा है।

मार्कंडेय पुराण, एक संस्कृत ग्रंथ में, मार्कंडेय और महामृत्युंजय मंत्र की कथा का वर्णन किया गया है। प्राचीन समय में ऋषि मृकण्डु भगवान शिव के अनन्य भक्त थे, जिन्हें शिव ने अपार ज्ञान का वरदान दिया था।

अपनी बुद्धिमत्ता के बावजूद, वह संतानहीनता से दुखी थे। उन्होंने शिव को प्रसन्न करने के लिए तप किया और उन्हें एक पुत्र का वरदान मिला जिसका नाम मार्कंडेय था, जिसने अपने पिता से ज्ञान और भक्ति प्राप्त की।

जब मार्कंडेय बड़े हुए, तो उनके पिता ने उन्हें बताया कि उनकी आयु बहुत कम होगी। लेकिन मार्कंडेय ने हिम्मत नहीं हारी और शिव को समर्पित हो गए। उन्होंने शक्तिशाली महामृत्युंजय मंत्र की रचना की और शिवलिंग के साथ लिपटकर इस मंत्र का जाप किया। यमराज, मृत्यु के देवता, मार्कंडेय की आत्मा को नहीं ले जा सके क्योंकि इस मंत्र मे अपार शक्ति थी। शिव, मार्कंडेय की भक्ति से प्रसन्न हुए और उन्होंने मार्कंडेय को दीर्घायु होने का वरदान दिया। इस तरह महामृत्युंजय मंत्र भगवान शिव का प्रिय मंत्र बन गया क्योंकि इसके रचनाकार मार्कंडेय ने अपनी अडिग भक्ति के माध्यम से इसके रहस्यों को खोल दिया था।

मंत्र:

ॐ त्र्यम्बकं यजामहे सुगन्धिं पुष्टिवर्धनम् उर्वारुकमिव
बन्धनान्मृत्योर्मुक्षीय माऽमृतात् ।।

अर्थ:

ॐ: परम वास्तविकता का प्रतीक।

त्र्यम्बकम: तीन नेत्रों वाले, अर्थात भगवान शिव।

यजामहे: हम उपासना करते हैं, श्रद्धा से पूजा करते हैं।

सुगन्धिं: जो सभी जीवों को पोषण देता है, खुशबू की तरह।

पुष्टिवर्धनम: जो संपन्नता और पोषण को बढ़ाता है।

उर्वारुकमिव: जैसे ककड़ी (उर्वारुका) अपने बंधन से मुक्त हो जाती है। यह जन्म व मृत्यु के चक्र से मुक्ति का प्रतीक है)

बन्धनान: बंधन, विशेष रूप से संसार के चक्र का बंधन।(जन्म व मृत्यु)

मृत्योः: मृत्यु से।

मुक्षीय: हमें मुक्त करें।

मा: नहीं।

अमृतात: अमरता या मोक्ष।

"हम उस तीन नेत्रों वाले भगवान शिव का ध्यान करते हैं, जो सुगंधित है और सभी प्राणियों को पोषण देने वाले हैं। जैसे एक पका हुआ खीरा बेल से गिरता है, वैसे ही हमें संसार के बंधनों से मुक्त करें और, मृत्यु के भय से मुक्त करें और हमें मोक्ष प्रदान करें।"

यह मंत्र अमरता नहीं देता है। भगवान शिव के अनुसार, जो जन्म लेता है उसे मरना ही होता है।

महामृत्युंजय मंत्र को शरीर की रक्षा और उपचार के लिए जाना जाता है। कहा जाता है कि इस पवित्र मंत्र का जाप करने से हम अपनी रोग प्रतिरोधक क्षमता को मजबूत कर सकते हैं, ऊर्जा के स्तर को बढ़ा सकते हैं और चोटों और बीमारियों के उपचार की प्रक्रिया को तेज कर सकते हैं। शिव की दिव्य उपस्थिति का आह्वान करके यह मंत्र अनचाहे हादसों, बीमारियों और विपत्तियों से सुरक्षा प्रदान करता है।

क्योंकि इस मंत्र का सम्बन्ध मृत्यु से है और मृत्यु महाकाल के अधीन है इसलिए महामृत्युंजय मंत्र शिव के महाकाल स्वरूप को समर्पित है।

महेश पुजारी जी, विजय पुजारी जी, आकाश पुजारी जी और अन्य विद्वान व्यक्तियों ने भी पुष्टि की कि उन्होंने व्यक्तिगत रूप से लोगों को महामृत्युंजय मंत्र का पाठ करने के बाद बेहतर होते देखा है, हालाँकि उन्होंने यह भी स्वीकार किया कि मृत्यु अपरिहार्य है। वे इस बात से सहमत हैं कि यह मंत्र कुछ हद तक मदद कर सकता है, मृत्यु को हराने में नहीं बल्कि असामयिक मृत्यु से सुरक्षा पाने में। कहते हैं कि प्राचीन भारत में घायल सैनिकों को ठीक करने के लिए भी इस मंत्र का उपयोग किया जाता था।

गौतम सिंह राठौर

(इंदौर)

"मैं तो नादान हूँ, दुनिया से भी अनजाना हूँ पर यह सच है कि भोले मैं तेरा दीवाना हूँ।"

"शिव मुझे अपने क्रोध को नियंत्रित करने की सलाह देते हैं, वे सिखाते हैं कि सभी इच्छाओं के बावजूद एक सरल जीवन जीना चाहिए और वे सिखाते हैं कि अंदर से खुश रहना चाहिए, बाहरी खुशी मायने नहीं रखती। जब भी मुझे महाकाल बाबा के दर्शन होते हैं, तो ऐसा महसूस होता है जैसे किसी ने मुझे नई बैटरी लगा दी हो और मैं पूरी तरह से सकारात्मकता से भरा हुआ हूँ। जब भी मैं महाकाल के दर्शन करता हूँ, कुछ अच्छा हमेशा होता है और अगर कभी मैं कुछ माँगता हूँ, तो बाबा महाकाल मेरी इच्छा पूरी कर देते हैं। मुझे लगता है कि महाकाल मेरे पिता की तरह हैं, वे हमेशा मुझे मैं जो भी माँगता हूँ वो दे देते हैं और हमेशा सही रास्ते पर चलने की सलाह देते हैं।"

पूजा बेलवंशी

MBA छात्रा

"यह शायद 10 वीं बार है जब मैं बाबा महाकाल के दर्शन के लिए आई हूँ। मैं शिव भक्त हूँ, लेकिन जब तक बड़ी नहीं हुई थी, तब तक मुझे उज्जैन और महाकाल के बारे में पता नहीं था। यहाँ सब कुछ है, मुझे लगता है कि जब से मैं यहाँ आई हूँ, मेरे जीवन में सकारात्मक चीजें होने लगी हैं। यहाँ एक ऐसा माहौल है जो मैंने कहीं और नहीं महसूस किया। बस इतना ही कह सकती हूँ कि अगर आपको बाबा महाकाल में विश्वास है, तो आपका जीवन निश्चित रूप से बदल जाएगा।"

अध्याय-14

समकालीन समय में महाकाल की कालातीत शिक्षाएँ

हर बार महाकाल के दर्शन करने पर, मैं शिव तथा उनकी शिक्षाओं की ओर और भी अधिक आकर्षित होती हूँ। महाकाल का प्राचीन ज्ञान आज के समय में सांस्कृतिक और समय की सीमाओं को पार करते हुए और भी अधिक महत्वपूर्ण हो गया है। उनका कालातीत ज्ञान युगों से परे है और हमारे जीवन को गहराई से प्रभावित करने की शक्ति रखता है, हमारे विचारों और दुनिया के प्रति दृष्टिकोण को पुनः आकार देने में सक्षम है।

आज की तेज़ रफ़्तार दुनिया में हम अक्सर भौतिक वस्तुओं और बाहरी मान्यता के पीछे भागते हैं, यह मानते हुए कि वे हमें खुशियाँ देंगे। लेकिन इस दौड़ में अक्सर हम खुद को खाली और असंतुष्ट पाते हैं। यहाँ तक कि जिनके पास सब कुछ है, जैसे फिल्मी सितारे, वे भी आंतरिक शांति के लिए संघर्ष करते हैं। शिव, जो त्याग के देवता हैं, हमें सिखाते हैं कि सच्ची खुशी जीवन की साधारण चीज़ों में है, न कि भौतिक वस्तुओं में। वे हमें याद दिलाते हैं कि इन चीज़ों के पीछे भागना हमें खाली और असंतुष्ट छोड़ सकता है।

शिव का जीवन इस बात का सबसे अच्छा उदाहरण है कि भौतिकवाद एक ऐसा आवरण है जो मानव आत्मा को ढक देता है, और हमें इन्द्रियों की क्षणभंगुर इच्छाओं से बांधता है। जैसे रेगिस्तान की रेत पर एक मृगतृष्णा

आकर्षक और वास्तविक लगती है, लेकिन अंततः प्यास और निराशा की ओर ले जाती है। शिव के उपदेश हमें इस आवरण को भेदने के लिए प्रेरित करते हैं, ताकि हम उस सत्य को जागृत कर सकें जो भौतिक दुनिया की सीमाओं से परे है। भौतिक वस्तुओं और इच्छाओं से लगाव हमें एक ऐसी लहर में कैद कर देता है जिसमें लालसा और असंतोष का चक्र चलता रहता है, जो हमें उस स्वतंत्रता और आनंद से वंचित कर देता है।

शिव हमें याद दिलाते हैं कि सच्ची खुशी और संतुष्टि केवल इस लगाव से ऊपर उठने पर ही मिल सकती है। भोलेनाथ के रूप में, शिव हमें क्षणिक इच्छाओं को छोड़ने और उन चीज़ों पर ध्यान केंद्रित करने के लिए प्रोत्साहित करते हैं जो वास्तव में हमें आनंदित करती हैं। शिव हमें प्रकृति की सुंदरता की सराहना करने, प्रियजनों के साथ समय बिताने और आंतरिक शांति को विकसित करने के लिए आमंत्रित करते हैं। वह हमें याद दिलाते हैं कि मासूमियत कोई शर्म की बात नहीं, बल्कि गर्व की बात है और सादगी कमजोरी नहीं, बल्कि शक्ति है। सादगी और मासूमियत को अपनाकर, हम भीतर से उत्पन्न होने वाली एक गहरी और स्थायी खुशी पा सकते हैं।

शिव के उपदेश हमारा एक उच्च दृष्टिकोण की ओर मार्गदर्शन करते हैं, जहाँ हम पहचानते हैं कि सच्ची समृद्धि भौतिक संपत्ति इकट्ठा करने में नहीं, बल्कि आंतरिक ज्ञान, करुणा और जागरूकता को विकसित करने में है। इस दुनिया में सभी चीजें परिवर्तन और विनाश के अधीन हैं। भौतिक वस्तुओं का पीछा करना, जैसे परछाइयों का पीछा करना है; वे एक पल के लिए वास्तविक प्रतीत होती हैं लेकिन सुबह की धुंध की तरह गायब हो जाती हैं। शिव के ज्ञान हमें अनश्वर और अपरिवर्तनीय, हमारे अस्तित्व की अडिग नींव पर ध्यान केंद्रित करने के लिए प्रेरित करते हैं। इसलिए, आइए हम भौतिकवाद को पीछे छोड़ दें। आइए हम सत्य का आवरण धारण करें और अपनी वास्तविक प्रकृति के प्रति जागरूक हों। आइए हम क्षणिक से अपने लगाव को त्यागें और शाश्वत पर ध्यान केंद्रित करें।

शिव का जीवन भौतिक वस्तुओं और सांसारिक इच्छाओं से उनके त्याग से चिह्नित है। उन्होंने अपना राजसी सिंहासन छोड़ दिया और पहाड़ों में एक

साधारण जीवन व्यतीत करते हैं, यह दिखाते हुए कि सच्ची खुशी केवल भीतर से आ सकती है, न कि भौतिक वस्तुओं से। आज के दौर में, जब इंस्टाग्राम और समाज की अपेक्षाओं का बोलबाला है, हमारी खुशियों का निर्धारण अक्सर बाहरी मापदंडों के आधार पर होता है। हमें यह सिखाया जाता है कि सफलता का मापदंड करिअर विकल्पों, वैवाहिक स्थिति, भौतिक संपत्ति और समाज द्वारा निर्धारित समय सीमाओं से किया जाता है। ये बाहरी दबाव हमारी असली खुशी और संतुष्टि के अनुभव को धुंधला कर सकते हैं, जिससे हम यह मानने लगते हैं कि इन मानकों से हटना असफलता के बराबर है। इस बाहरी मान्यता की खोज में हम अपने भीतर आत्म से संपर्क खोने का जोखिम उठाते हैं और दूसरों के मानकों के अनुसार जीने लगते हैं, दूसरों से स्वीकृति की लगातार खोज हमें हमारी वास्तविक इच्छाओं और आकांक्षाओं से अलग कर देती है।

आदियोगी शिव पारंपरिक सफलता की अवधारणा को चुनौती देते हैं। पर्वतों में अकेले तपस्या में लीन और बिना भौतिक संपत्तियों के, शिव आधुनिक मानकों से सामाजिक रूप से असफल माने जा सकते हैं। समाज आपको असफल मानता है या नहीं, यह तब तक मायने नहीं रखता जब तक आप अपनी नजरों में नहीं गिरते। आज के समाज में, हम अक्सर दूसरों का आकलन सुंदरता के मानकों से करते हैं। सौन्दर्य प्रसाधन शारीरिक रूप को समाज के मानकों के अनुसार बदलने का दावा करते हैं। वहीं अख़बारों के वैवाहिक कॉलम में बार-बार "लंबी, पतली और गोरी" दुल्हनों की माँग की जाती है। इसके विपरीत, शिव बाहरी मानकों की निरर्थकता के प्रमाण के रूप में खड़े होते हैं। तपस्वी के रूप में चित्रित, शिव सुंदरता और स्थिति के सामाजिक मानकों को ठुकराते हैं और "महादेव" की अवधारणा का प्रतीक बनते हैं - देवताओं में सबसे उच्चतम, अपनी नीली त्वचा के साथ, अपने असामान्य शारीरिक रूप के बावजूद, शिव को नीलकंठ के रूप में पूज्नीय माना जाता है। यह एक शक्तिशाली संदेश है कि हम अपनी ज़िंदगी को बाहरी मान्यता की आवश्यकता से मुक्त होकर जिएँ।

आज के दौर में, जब सोशल मीडिया प्लेटफॉर्म्स अक्सर युवा महिलाओं के बीच हीनता और बॉडी शेमिंग की भावनाओं को जन्म देते हैं, शिव का दर्शन

पहले से कहीं अधिक प्रासंगिक है। समाज के सौंदर्य मानकों के अनुसार ढलने के बजाय, युवा लड़कियों को शिव के जीवन के निर्भीक दृष्टिकोण से प्रेरणा लेनी चाहिए। अपनी सच्ची पहचान को अपनाकर वे एक अटूट आत्म-सम्मान विकसित कर सकती हैं। शिव का शाश्वत संदेश हमें समाज की अपेक्षाओं की बेड़ियों से मुक्त होकर अपनी शर्तों पर जीवन जीने के लिए प्रेरित करता है।

हिंदू पौराणिक कथाओं में भगवान शिव को सत्य और धर्म के समर्थक के रूप में चित्रित किया गया है। करुणा और स्नेह के बावजूद शिव अन्याय और बुराई के खिलाफ खड़े होने से नहीं हिचकिचाते, जैसे कि उन्होंने रावण, अंधकासुर या ब्रह्मा के मामलों में किया। रावण, जो शिव का भक्त था और जिसने दिव्य आशीर्वाद प्राप्त किए थे, ने सीता का अपहरण करके गंभीर अपराध किया, जिसके कारण उसे भगवान राम के हाथों अपनी मृत्यु का सामना करना पड़ा। यह हमें स्पष्ट रूप से याद दिलाता है कि देवताओं के सबसे प्रिय भक्त भी अपने कर्मों के परिणामों से मुक्त नहीं हैं। यह दिखाता है कि शिव अपने भक्तों को आशीर्वाद देते हैं लेकिन उनके अन्यायपूर्ण कार्यों को स्वीकार नहीं करते। शिव सत्य और धर्म का दृढ़ता से समर्थन करते हैं। शिव की सत्य और धर्म के प्रति अडिग प्रतिबद्धता तब और स्पष्ट हो जाती है जब उन्होंने ब्रह्मा के पापों के लिए उनके पाँचवे सिर को काट दिया, यह दर्शाता है कि वे अपनी मान्यताओं और मूल्यों के प्रति सच्चे रहने के लिए कठिन निर्णय लेने के लिए तैयार थे। इस मोह-माया के संसार में हमें भी शिव से सीख लेकर अपने सच्चे स्वरूप के प्रति ईमानदार रहने और प्रतिकूल परिस्थितियों में कठिन निर्णय लेना सीखना चाहिए।

शिव द्वारा समुद्र मंथन के दौरान हलाहल नामक विष का पान करना, जो अंधकार और विनाश का प्रतीक था, उनके अडिग संकल्प का एक और प्रमाण है। इस विष को ग्रहण करके शिव ने पृथ्वी की रक्षा की और यह दिखाया कि विपरीत परिस्थितियों के सामने भी एक उज्ज्वल भविष्य की उम्मीद हमेशा रहती है। यह हमें शक्तिशाली संदेश देता है कि अंधकार केवल प्रकाश की अनुपस्थिति है और चुनौतियाँ और संघर्ष परिवर्तनकारी हो सकते हैं। वेदों में रुद्र के नाम से जाने जाते शिव को क्रोध के देवता के रूप में वर्णित किया गया

है जो यह दर्शाता है कि महादेव भी मनुष्यों की तरह क्रोध का अनुभव कर सकते हैं। उनका तांडव, एक ऐसा नृत्य है जो पूरी दुनिया को नष्ट करने की क्षमता रखता है।

तो क्या क्रोध दिखाना सही है ? और अपने क्रोध से सब कुछ नष्ट कर देना भी ?

नहीं । क्रोध स्वभाव से नकारात्मक नहीं होता; इसका प्रभाव इस पर निर्भर करता है कि हम इसे कैसे प्रयोग में लाते हैं। जैसे एक तलवार, गलत तरीके से चलाने पर हमें नुकसान पहुँचा सकती है, अनुचित तरीके से क्रोध भी हमें नुकसान पहुँचा सकता है। हालाँकि, जब रचनात्मक रूप से निर्देशित किया जाता है, तो क्रोध परिवर्तन के लिए एक शक्तिशाली शक्ति बन जाता है। आज की पीढ़ी विभिन्न घटनाओं पर जल्दी और तीव्र क्रोध अनुभव करती है। शिव हमें यह सिखाते हैं कि हमें जल्दबाज़ी में प्रतिक्रिया देने के बजाय रुकना चाहिए। स्थिति का आँकलन करने के लिए एक कदम पीछे हटने से हमें विचारशील प्रतिक्रिया देने में मदद मिलती है जो अधिक अनुकूल परिणाम की ओर ले जाती है और हमारे जीवन को सकारात्मक रूप से बदलने की क्षमता रखती है, यह सिखाते हुए कि हमें अपनी ऊर्जा को सही दिशा और सही समय पर परिवर्तित करना चाहिए।

महादेव की निरंतर निष्ठा और ध्यान अनुकरणीय है। उनकी साधना और आत्म-अनुशासन हमें यह सिखाते हैं कि लक्ष्यों को प्राप्त करने के लिए समर्पण और एकाग्रता का कितना महत्व है। जब हम अपने लक्ष्यों की प्राप्ति की दिशा में पूरी निष्ठा से लगे रहते हैं, तो हमारे सामने चाहे कितनी भी बाधाएँ आएँ, हमें उनसे विचलित नहीं होना चाहिए। शिव, आदियोगी के रूप में, अपनी पत्नी पार्वती को योग का ज्ञान प्रदान करते हैं और स्वयं को योग के प्रवर्तक के रूप में स्थापित करते हैं। योग न केवल शारीरिक स्वास्थ्य में सहायक होता है, बल्कि यह मानसिक शक्ति और एकाग्रता को भी बढ़ाता है, जिससे हम अपने लक्ष्यों पर ध्यान केंद्रित कर पाते हैं।

लेकिन आज का युवा अक्सर भटक जाता है, क्षणिक सुखों को महत्वपूर्ण लक्ष्यों पर प्राथमिकता देता है। अस्थायी सुखों की खोज में, वे भांग जैसे पदार्थों

का सेवन कर रहे हैं, उसका गलत प्रयोग कर रहे हैं। यह आवश्यक है कि हम यह समझें कि भगवान शिव द्वारा भांग और धतूरे का सेवन उनकी दिव्य प्रकृति का एक रूप था और इसे श्रद्धा से अर्पित किया जाता है, न कि आनंद के लिए। महाकाल हमें जीवन के प्राकृतिक चक्रों, जिसमें मृत्यु और अस्थिरता भी शामिल हैं, को स्वीकार करने के लिए प्रेरित करते हैं। वे हमें वर्तमान को संजोने और अनिश्चितता से निपटने में सहायता करते हैं, न कि क्षणिक सुखों में लिप्त होने के लिए। वास्तव में, वे हमें सृजनशील बनने की प्रेरणा देते हैं। उनका डमरु और तांडव पृथ्वी की पहली सृजनात्मक कला का रूप हैं। तो जब हमारे पास इतना कुछ सृजन करने के लिए है, तो गलत रास्ते की तरफ क्यों जायें ?

भगवान शिव को विभिन्न प्रतीकों के साथ दर्शाया गया है जो केवल सजावट के लिए नहीं हैं, बल्कि गहरे आध्यात्मिक और आत्म-ज्ञान के अर्थ को प्रकट करते हैं। वास्तव में, यह सिर्फ शिव के सिद्धांत ही नहीं हैं, बल्कि शिव से संबंधित हर छोटी-छोटी बात हमें जीवन के महत्वपूर्ण सबक सिखाती है। उनका त्रिशूल हमें यह याद दिलाता है कि मन, भावनाओं और क्रियाओं में संतुलन बनाए रखना चाहिए, जिससे आंतरिक शांति और बाहरी सफलता प्राप्त हो सके। शिव का तीसरा नेत्र ज्ञान, अंतर्ज्ञान और आंतरिक दृष्टि की शक्ति का प्रतिनिधित्व करता है, जो हमें भौतिक दुनिया से परे देखने की क्षमता और हमारे विचारों, भावनाओं और कार्यों के प्रति जागरूक रहने की शिक्षा देता है। यह ऐसा है जैसे हमारे पास एक अंतर्ज्ञान है जो हमें समझदारी से निर्णय लेने के लिए मार्गदर्शन करता है। शिव के गले में तीन बार लिपटा हुआ वासुकी नाग केवल भूत, वर्तमान और भविष्य के समय की त्रिमूर्ति का प्रतीक नहीं है, बल्कि सतर्कता का भी प्रतीक है। रुद्राक्ष की माला शिव के आशीर्वाद का प्रतीक है, जिसे भक्त सुरक्षा, ध्यान एवं आध्यात्मिक विकास के लिए धारण करते हैं और इसका औषधीय महत्त्व भी है। शिव की जटाओं से बहने वाली पवित्र गंगा नदी हमारे भीतर की अशुद्धियों को शुद्ध करने और शिव की दिव्य कृपा के प्रवाह की याद दिलाती है। नंदी धैर्य, भक्ति, शक्ति, धर्म, आध्यात्मिक आकांक्षा और हिंदू परंपरा में मनुष्यों और जानवरों के बीच पवित्र संबंध का

जीवंत पाठ है। शिव का निवास स्थान कैलाश पर्वत जो श्वेत बर्फ से ढका हुआ है, वह मन की पवित्रता का प्रतीक है। पवित्र भस्म अहंकार और सांसारिक त्याग का प्रतीक है और महाकाल हमें यह सिखाते हैं कि भौतिक दुनिया की सभी चीजें अस्थायी हैं और मृत्यु जीवन की अंतिम सच्चाई है।

महाकाल हमें निडर और सच्चे बनने के लिए प्रेरित करते हैं और हमें हर पल को जीने और हर सांस का आनंद लेने की शिक्षा देते हैं। वे हमें दिखाते हैं कि हमें अपने भय का सामना करना चाहिए और उन चीजों को छोड़ना चाहिए जो हमें पीछे खींचती हैं। महाकाल हमें यह समझने में मदद करते हैं कि सब कुछ आपस में जुड़ा हुआ है और जीवन में जो हम देखते है उससे कहीं अधिक है। वे उन लोगों के लिए मार्गदर्शक हैं जो परिवर्तन और विकास की इच्छा रखते हैं, जो दिखावे से परे देखने और ज्ञान और शांति को खोजने की आकांक्षा रखते हैं। वे हमें अपने आप को खोजने और अपने जीवन में सकारात्मक बदलाव लाने के लिए प्रेरित करते हैं।

अंत नहीं, बल्कि एक शुरुआत...

महाकाल के दर्शन के दौरान मुझे जो अनुभव हुआ वह बहुत गहरा था। यह केवल एक पवित्र स्थान की यात्रा नहीं थी, बल्कि स्वयं के भीतर एक एहसास था जो महाकाल से जुड़ने का मार्ग प्रशस्त करती है। महाकाल आनंद से परे हैं और महाकाल से जुड़ना सरल भक्ति से परे है। मैं महाकाल के बारे में सोचती हूँ तो मुझे लगता है कि महाकाल ने मुझे पूर्ण रूप से विघटित कर दिया है, मेरी अज्ञानता की परतों को टुकड़े-टुकड़े कर दिया है। अब जब मैं इस यात्रा के अंत तक पहुँची हूँ या मैं इसे अंत के बजाए महाकाल और स्वयं को थोड़ा-सा जानने की एक नई यात्रा की शुरुआत कहूँगी, मैं एक गहरी श्रद्धा और विस्मय की भावना से भर गई हूँ। समय और मृत्यु के भगवान, महाकाल ने मुझे वह खुशी प्रदान की है, जिसे मैं लंबे समय से खोज रही थी। जिन भी लोगों को महाकाल के दर्शन का आशीर्वाद मिला है वे इस अनुभव से बदल गए हैं। महाकाल ने मुझे सिखाया है कि परिवर्तन अनंत रूप से परिवर्तनीय संसार में एकमात्र स्थायी सत्य है और जीवन केवल एक क्षणभंगुर समय है, कि इस पृथ्वी पर हमारा समय अल्पकालिक है, इसलिए हमें वर्तमान में जीना चाहिए और अपने अहंकार और इच्छाओं में उलझने के बजाय, इस समय का सर्वोत्तम उपयोग करना चाहिए।

अब तक की अपनी इस कोशिश में मैंने जो कुछ भी जाना समझा है उसके लिए मैं भगवान महाकाल की आभारी हूँ और एक नए उद्देश्य के साथ अपने जीवन को जीने के लिए प्रेरित हूँ।

महाकाल केवल एक पौराणिक व्यक्तित्व या देव नहीं हैं बल्कि हमारी अपनी परिवर्तनशील क्षमता का प्रतिबिंब हैं। वे हमें यह याद दिलाते हैं कि हमारे भीतर अपनी सीमाओं को पार करने और स्वयं का सर्वश्रेष्ठ संस्करण बनने की क्षमता है। वे हमारे भीतर की उन जंजीरों से मुक्त होने की शक्ति का प्रतीक हैं जो हमें बांधती हैं और उन बाधाओं से ऊपर उठने की क्षमता देती हैं जो हमें रोकती हैं, जिससे हम अपनी वास्तविक क्षमता का एहसास कर सकें।

अब जब मैं महाकाल के एक अविस्मरणीय, अद्भुत अनुभव की अपनी इस पुस्तक का समापन कर रही हूँ तो मेरे भीतर आशा और आशीर्वाद की भावना जागृत हो रही है। मुझे पता है कि चाहे मुझे किसी भी चुनौती का सामना करना पड़े, चाहे मुझे कितने भी अंधकार का सामना करना पड़े, महाकाल मेरा मार्गदर्शन करेंगे, महाकाल मेरे साथ होंगे। तो आइए हम सब भगवान महाकाल को नमन करें और उन्हें हमें रास्ता दिखाने के लिए धन्यवाद दें।

जय श्री महाकाल